Práctica
de amar a
Jesucristo

Práctica
de amar a
Jesucristo

Introducción de Pedro R. Santidrián

San Alfonso Mª de Ligorio

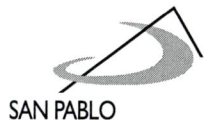

SAN PABLO

© SAN PABLO 2025
Protasio Gómez, 11-15. 28027 Madrid
Tel. 917 425 113
secretaria.edit@sanpablo.es - www.sanpablo.es

Distribución: SAN PABLO. División Comercial
Resina, 1. 28021 Madrid
Tel. 917 987 375
E-mail: ventas@sanpablo.es
ISBN: 978-84-285-7338-2
Depósito legal: M. 8.053-2025
Impreso en Artes Gráficas Gar.Vi. 28970 Humanes (Madrid)
Printed in Spain. Impreso en España

Introducción

La obra que llega a tus manos vio la luz en 1768, en la imprenta de Gianfrancesco Paci de Nápoles. Ese mismo año apareció en Bossano con el sello del gran editor veneciano del siglo XVIII, Remondini. A lo largo de los casi 260 años que nos separan de su primera edición, son más de 500 las ediciones que ha tenido este libro en todos los idiomas modernos.

El título original de la obra rezaba así: *Práctica de amar a Jesucristo, que trata de las palabras de san Pablo: «Caritas patiens est, benigna est, etc.» tomadas de la carta primera a los corintios, cap. 13.* Al final de la obra aparecen las *Consideraciones sobre la Pasión de Jesucristo con otros ejercicios devotos hacia nuestro amantísimo Redentor.*

Su autor, san Alfonso María de Ligorio, tenía a la sazón 71 años –vivió hasta pasados los 90– y se encontraba en plena madurez humana y espiritual. Lo escribió «para utilidad de las almas que desean alcanzar la salvación eterna y caminar por la vía de las perfecciones».

Sin duda alguna –afirma B. Häring– «se trata del libro más hermoso del santo, totalmente centrado en el arte de amar a Jesucristo y de amar con Jesucristo. Aquí encontramos, en efecto, el modo más auténtico de formación de la conciencia cristiana. Como en otros escritos, su lema preferido es una expresión bien conocida de san Agustín: "Ama y haz lo que quieras", que san Alfonso lo explica así: "se trata de conocer el verdadero amor, el de Jesucristo, y de unirse a él"»[1].

1. Perfil biográfico de san Alfonso (1696-1787)

La vida de Alfonso de Liguori –conocido entre nosotros como Alfonso de Ligorio– transcurre en el área social del reino de Nápoles y en el ambiente ideológico del siglo XVIII. Este doble contexto hará de él «el más santo de los napolitanos y el más napolitano de los santos». Al mismo tiempo, la historiografía ha visto en él al «santo del Siglo de las Luces» por la época en que se mueve. Estas dos circunstancias explican una buena parte de su vida y de su obra.

Nápoles es, en efecto, su cuna, donde nace en 1696. Prácticamente aquí discurre toda su vida hasta su muerte en 1787. Educado humanística y socialmente dentro de una familia de la nobleza local, siguió la carrera de leyes, ejerciendo la abogacía durante ocho años. Desengañado de la misma, tras un fracaso en los tribunales, se convirtió plenamente a Dios, poniéndose a su servicio, no sin antes dejar su espada de caballero sobre el altar de la Virgen.

---

[1] B. Häring, *Sant'Alfonso de Liguori. Avvocato della Coscienza*, CSSR Communicationes, n. 53.

Tras esta amarga experiencia del mundo –«Ahora te conozco, oh mundo»–, hizo sus estudios eclesiásticos, ordenándose sacerdote en 1727. Desde entonces, la predicación, la dirección de almas, las comunidades de base de los barrios napolitanos, el estudio y la oración con los sacerdotes de la ciudad llenaron su vida de joven sacerdote. Pronto surgió su vocación de misionero de los pobres del campo. En 1732 fundó la Congregación del Santísimo Redentor (redentoristas), destinada a predicar por los pueblos y aldeas del reino de Nápoles. Durante más de cuarenta años se dedicó a recorrer a caballo y a pie con sus compañeros de misión prácticamente todo el sur de Italia.

A esta actividad de la predicación directa de la Palabra a la gente del campo añade ahora la actividad de la palabra escrita. Desde 1748 a 1779, Alfonso no deja la pluma de la mano. Durante este tiempo, el santo publicó 111 obras que van desde un simple apéndice de 5 páginas hasta otras de 1.500 páginas. Los temas de las mismas pertenecen a la espiritualidad, dogmática, moral, predicación, liturgia, apologética, etc. A continuación nos detendremos más especialmente en su producción escrita. Baste ahora esta nota para hacer más completo el perfil de su biografía. En 1762 fue nombrado obispo de Santa Águeda de los Godos, pequeña ciudad del reino de Nápoles. Durante 13 años recorrió toda la diócesis con sus visitas pastorales y con la predicación de sus misioneros. Renunció a su cargo en 1775 por motivos de enfermedad. Los últimos 12 años los pasó en el silencio y la actividad de su retiro en Nocera de Pagani. «Para no

perder en la ociosidad los pocos ratos que me quedan de vida, empecé una obra de piedad, es decir,
las *Victorias de los mártires*, trayendo el relato de su
martirio, tomado de los autores más renombrados
que han escrito sobre la materia». El final, sin embargo, no parece tan idílico y placentero como se lo
había imaginado. Graves dificultades internas del
Instituto por él fundado amargaron su existencia
hasta el punto de verse excluido de él.

Murió el 1 de agosto de 1787. Al margen de su
acta bautismal, una mano escribe: «Beatificado en
septiembre de 1816». Después otra: «Canonizado
el 26 de mayo de 1839». Finalmente, una tercera:
«Declarado Doctor de la Iglesia el 23 de marzo de
1871». Y todavía podemos añadir otro título: «Pro-
clamado patrono de los confesores y moralistas el
26 de abril de 1950».

Los rasgos fundamentales de su actividad pastoral: fundador, pastor y escritor

La breve nota biográfica que acabamos de esbozar
apenas nos permite vislumbrar su personalidad.
Una constante domina toda su vida: su densa actividad. Por temperamento y por compromiso de
su desbordante celo apostólico, se entregó de tal
manera al trabajo que parece faltarle tiempo para
realizar las tareas emprendidas. Símbolo de dicha
característica es el voto que hizo de no perder un
minuto de tiempo.

La definición de la actividad alfonsiana es la
pastoral. El ministerio sacerdotal explícito es lo que

da la impronta a la actividad de Alfonso. Dentro de este ministerio sacerdotal explícito hay matices importantes que concretan la caracterización de la vida activa de nuestro santo. Son la predicación extraordinaria del Evangelio —mediante misiones populares, ejercicios espirituales, etc.—; el servicio religioso de la reconciliación sacramental y de la dirección espiritual, y el ministerio episcopal, durante los trece años como obispo de Santa Águeda de los Godos.

Podemos concretar todavía más su actividad pastoral, clasificándola en tres frentes: a) la fundación y organización de la Congregación de los Redentoristas; b) la actividad pastoral: ministerio de la predicación, de la confesión y de la dirección espiritual; c) su actividad como escritor. Estas tres actividades, lejos de dispersar la vida y la energía de Alfonso, le dan una cohesión y complemento admirables. De aquí surgen los tres rasgos fundamentales que dan sentido a su actividad pastoral. San Alfonso es *fundador, pastor* y *escritor* en una misma persona. La salvación de las almas y la realización del ideal cristiano en el mundo resumen toda su obra y su actividad. «Bien sabe Dios que todo lo he hecho por la salvación de las almas». Su título de Doctor de la Iglesia universal será el de «Doctor celosísimo».

Este retrato sería imperfecto si no añadiéramos el rasgo de su santidad o espiritualidad. Más adelante volveremos sobre este punto. Alfonso es un espíritu sensible, piadoso, delicado de conciencia hasta el escrúpulo, entregado a los demás, austero hasta el rigor, comprensivo con el pecador. Las biografías modernas del santo han logrado quitar el tremendismo que algunos habían visto en él para ofrecernos al hombre «profundamente enraizado en la tradición que aporta claridad y calor no solo a una elite insignificante, sino a las masas populares de la Iglesia universal» (Rey-Mernet). Así aparece en sus «cuadernos de conciencia», en su numerosa correspondencia y en sus documentos más privados al servicio de su instituto.

2. El escritor y su obra

De los tres rasgos que definen la actividad pastoral de san Alfonso, como acabamos de ver, el más desconocido es el de *escritor*. Sin embargo, es su extensa obra escrita la que respalda su título de Doctor de la Iglesia universal. Para probarlo, basta echar una mirada a su extensa producción. Los estudiosos de esta faceta afirman que publicó 111 obras. Los temas que desarrolla en las mismas son sobre espiritualidad, dogmática, moral, predicación, liturgia, apologética, etc. Como todos los grandes hombres de su tiempo desde el renacimiento, Alfonso mantiene una correspondencia epistolar voluminosa y rica en matices y asuntos. Y finalmente mantiene en el secreto de su celda hasta la muerte los «cuadernos de conciencia» que nos lo muestran tal cual es.

Los mismos autores que han estudiado su vida han puesto de relieve otro detalle: san Alfonso fue y sigue siendo, después de dos siglos y medio, un escritor de éxito. Los siguientes números avalan la afirmación: Es uno de los grandes éxitos de librería de la historia. Cuenta hasta nuestros días con cerca de 20.000 ediciones y por lo menos en 70 idiomas. Shakespeare, anterior a él en más de una amplia generación y traducido, es cierto, a 77 idiomas, no hará un total, en 1961, de más de 10.602 ediciones.

a) *El siglo del libro.*
   El libro como «ilustración cristiana»

San Alfonso vivió en el mundo del libro. Su celo apostólico le empujó a utilizar ese gran medio de evangelización. El siglo XVIII es el siglo de la Ilustración y es también, y por eso, el siglo del libro. Las ideas, las «nuevas luces», se difunden a través de los libros, de libelos, de panfletos, de hojas volantes, etc. Alfonso se propuso realizar *una ilustración cristiana en el pueblo, en el clero y en los religiosos.* No encontró para ello mejor medio que el libro.

Una idea del trabajo y de la dedicación de nuestro autor a su tarea literaria la encontramos en la correspondencia y relación que tuvo con los 53 impresores que, en aquel momento, eran al mismo tiempo editores. Con ellos tuvo frecuentes contactos no siempre agradables para el autor. Destaca la relación que mantuvo durante muchos años con la imprenta/editorial de la firma Remondini, en Venecia, el más grande centro mundial del libro después de Amberes. La relación comenzó con la *Teología Moral* –aparecida en 1748– y se extendió al resto de la obra del santo. Los Remondini encontraron tan bueno el negocio, que le escribieron: «Aunque no tenga más que una página para imprimir, envíenosla».

No es este el momento de detenernos en la consideración de otros detalles en el oficio de escritor y autor de libros que fue san Alfonso. Fue un autor muy preocupado, y hasta meticuloso, por la forma externa del libro. En su correspondencia se muestra interesado por el papel, por la tinta, por los tipos de letra, por el tamaño del libro. Está de sobra aquí hablar de «derechos de autor», de las trampas y engaños de los editores con respecto al autor. Ni siquiera la cláusula de «privilegio» –que daba la exclusiva de publicación a un editor– proporcionaba ventajas económicas al autor. Solo algunos ejemplares de regalo. La obra literaria de san Alfonso se realiza con total desinterés económico por parte del autor y de plena ganancia para el editor[2].

b) *El estilo, el contenido, las razones de su escritura*

Unas notas previas para entender bien los escritos de san Alfonso. La primera es que su obra escrita no es fruto de juventud, sino de edad madura. Obedece a un plan pensado y meditado. Digamos que es una vocación literaria tardía o de madurez. Tiene alrededor de los cincuenta años cuando aparecen sus primeros escritos.

---

[2] Cf R. BAYÓN, *Cómo escribió Alfonso de Ligorio*, Madrid 1940; M. VIDAL, *Frente al rigorismo moral, benignidad pastoral*, PS, Madrid 1987.

La importancia de este dato es clave para interpretar su obra literaria. Sus escritos carecen del encanto de la juventud, pero contienen el peso de la madurez. La sencillez, claridad, precisión, densidad y concisión conforman su estilo a lo largo de todas sus obras. «Compendio muchas ideas –afirma él mismo– en poco espacio, ya que soy amigo de cosas y no de palabras. Todos me dicen que soy claro en mis explicaciones».

A esta edad de su vida, «Alfonso escribe sin ninguna preocupación literaria, atendiendo solo a multiplicar el eco de su palabra, llegando a la mayor cantidad posible de hombres, no al nivel de una elite, porque quiere ser el "pedagogo" de las masas. Escribe para el hombre de la calle. Paradójicamente este desprecio por el dato literario es la mejor prosa religiosa del *Settecento* italiano» (F. Chiovaro). Alfonso tuvo el buen tino de escoger, en la lengua que entonces estaba en proceso de transformación, las palabras más sencillas y las formas más agradables; palabras y formas que permanecen en virtud misma de las leyes de la evolución de las lenguas. Por medio de un esfuerzo de pensamiento y expresión del que se mostraron incapaces los hombres «iluminados», Alfonso llega a expresarse en un italiano tan sencillo que en él se encuentran a sí mismos aquellos pastores del Sur.

Con esta forma y este estilo aparecen los 111 escritos publicados por Alfonso desde los 52 a los 82 años. Una mayor precisión permite al P. Capone, y posteriormente a M. Vidal, dividir la actividad literaria de Alfonso en tres períodos de la forma siguiente:

1. 1732-1751: Etapa inicial en la que simulta-nea Alfonso la actividad literaria con la actividad misionera, siendo esta última la predominante. Los escritos son, en general, opúsculos que no requie-ren mucha documentación. Sin embargo, es en este período cuando se define su mentalidad moral (1ª ed. de la *Teología Moral*) y mariana *(Glorias de María)*.

2. 1751-1769: Esta etapa comienza con la dis-minución de su actividad misionera; continúa con la fijación de su residencia en Pagani (1752-1762), en donde realiza Alfonso una actividad intelectual intensa y continuada; y se prolonga en los prime-ros años del episcopado. Es la etapa de madurez intelectual, en la que da a luz las obras más im-portantes de su producción, tanto espiritual como pastoral y moral.

3. 1769-1776: Etapa en la que disminuye la ac-tividad pastoral, está presente de modo continuo la enfermedad, y se deja sentir el peso de la vejez. Los temas de los escritos no tienen ya la garra pastoral de las etapas anteriores; por el contrario, se con-centran en una interpretación de la historia con tonalidad bastante pesimista[3].

c) *El universo de sus escritos*

Si ahora dividimos la producción literaria de nues-tro autor en nueve partes, el reparto temático po-dría organizarse del siguiente modo: una parte para

---

[3] M. VIDAL, *o.c.*, 40-43.

la dogmática, cuatro para la espiritualidad-pastoral
y cuatro partes para la moral. A pesar de los distintos campos temáticos, existe una conexión entre
ellos. De ahí que se pueda hablar con toda razón
de un *«corpus alfonsianum»* en el que se integran
dogmática, moral, espiritualidad y pastoral. Como
vimos anteriormente, la razón pastoral da cohesión
y sentido a todos los escritos y a toda su actividad.

Pocos creerán, por ejemplo, que san Alfonso
hizo de la música y la poesía un instrumento al
servicio de su misión. «La memoria popular se
enriquecerá todavía más –escribe Rey-Mermet–
con cerca de las *50 canzoncine,* letras y música
que compone el misionero de los humildes a lo
largo de medio siglo. Para apreciarlo no hace falta
compararlo con Dante ni con Metastasio. Es, una
vez más, él mismo: un misionero que comparte los
impulsos de su fe y de su amor con la gente sencilla
del campo y de los barrios pobres. La música de las
palabras, el ritmo de las estrofas, el sabor de sus
melodías, el fuego de sus sentimientos desafían su
traducción».

Toda su obra literaria y artística constituye,
pues, un universo al servicio del pueblo llano.

Para comprender mejor la obra escrita de san
Alfonso damos un breve esquema de toda su producción literaria:

- Obras de Teología moral: *Theologia Moralis*
  (1748), 8 ediciones en vida del santo; *Ins-
  trucción y práctica del confesor* (1757); *Homo
  Apostolicus* (1759), resumen de la Teología
  moral, libro de texto para los seminaristas de

su diócesis; *El Confesor de la gente del campo* (1764); así como otros trabajos menores y disertaciones sobre moral.

— OBRAS ASCÉTICAS Y ESPIRITUALES (las más importantes): *Las Glorias de María* (1750); *Visitas al Santísimo Sacramento...* (1745); *Verdadera Esposa de Jesucristo* (1760); *Práctica de amar a Jesucristo* (1768); *Preparación para la muerte* (1758); *Meditaciones sobre la Pasión de Jesucristo* (1772); *Manera familiar de hablar con Dios* (1754); así como varios tratados sobre temas ascéticos y devocionales. La edición completa de la *Obras ascéticas* de san Alfonso está proyectada en 18 tomos de cuatrocientas a quinientas páginas cada uno.

— OBRAS TEOLÓGICAS Y PASTORALES: Destinadas a distintos grupos: obispos, sacerdotes, párrocos, religiosos, religiosas, gente del pueblo llano[4].

d) *Las motivaciones del escrito. Síntesis*

Para terminar con esta faceta de «apóstol de la pluma», quisiera destacar las motivaciones profundas que inspiran toda su obra escrita. Repetidas veces en su vida hace san Alfonso la confesión de los

---

[4] Puede verse el catálogo de obras y ediciones de san Alfonso preparado por F. FERRERO-S. J. BOLAND, *Las Obras impresas por san Alfonso Mª de Ligorio, Spicilegium Historicum*, Roma 1988-1989; M. DE MEULEMESTER, *Bibliographie génerale des ecrivains redemptoristes*, 3 vols., 1933-1939.

intereses personales que le mueven a escribir. Y lo hace ante propios y extraños.

Citando una vez más a M. Vidal en su estudio sobre la composición de la *Teología Moral* –aplicable al resto de su obra escrita– encontramos dos tipos de motivaciones negativas y positivas a la hora de escribir sus obras:

- *Negativas:* Alfonso declara que al componer y al imprimir su obra no ha sido motivado por el deseo de cobrar renombre o ser alabado; ni para conseguir el nombre de literato; ni por afán de dinero. Se consideraría loco si se dejase guiar por tales motivos, después de haberlo abandonado todo, conociendo la poca importancia del «humo» de la gloria humana, y constatando el inmenso esfuerzo que le impone el quehacer de moralista.
- *Positivas:* Las motivaciones de su trabajo como escritor han sido, según el propio testimonio de Alfonso: la gloria de Dios; el esclarecimiento y defensa de la verdad; el bien público del pueblo cristiano; el servicio a los miembros del clero, los religiosos y religiosas, sobre todo a los miembros de su propia Congregación.

Estas motivaciones nos permiten concluir que la vocación de escritor de Alfonso no es la del erudito ni la del sabio. Su pluma está al servicio de un fin más alto: la redención y la salvación de las almas. Sus obras nos adentran en lo más vivo y profundo de su alma. Nos muestran su andadura personal en pos de Jesucristo, «camino, verdad y vida» del cristiano. La lectura de las mismas nos hará ver lo que este hombre vivió y enseñó. Después de dos siglos, sus obras nos muestran a un escritor santo que transmite sus propias convicciones y vivencias. Son el mejor retrato de sí mismo. Este es sin duda el secreto, la fuerza y la actualidad de sus escritos[5].

3. La espiritualidad alfonsiana: *Práctica de amar a Jesucristo*

Descendemos ahora al estudio de la espiritualidad alfonsiana cuyo principal exponente tiene el lector en sus manos: *Práctica de amar a Jesucristo*. Nos fijamos principalmente en su obra ascética, dejando a un lado la moral, que le mereció el título de «Doctor y Maestro de las ciencias cristianas». No obstante, seguimos la actual corriente de los estudiosos del santo que prefirieron no dividir sus escritos en departamentos estancos: moral, espiritualidad, pastoral, dogmática, como vimos más arriba[6]. Prefieren hablar de un cuerpo de doctrina alfonsiana en el que todas las obras convergen para ofrecer una propuesta de vida cristiana al pueblo. Moral y espiritualidad se explican y completan mutuamente. La espiritualidad sería plenitud y meta de lo moral. No son líneas paralelas, sino convergentes. La espiritualidad sería coronación del obrar cristiano, su fuerza y sentido.

---

[5] J. CAPONE, *Introduzione generale: Opere Ascetiche*, Roma 1935-1968, 34-35.

[6] ID, Prefacio de *Pratica di amare Gesù Cristo*, p. 6.

«Creo que la espiritualidad alfonsiana es un complemento imprescindible para entender la moral de Alfonso. Con las perspectivas de la espiritualidad, la moralidad aparece con una *pedagogía de la vida cristiana...* la moral entendida como *práctica de la caridad.* Este es también el rasgo que define la espiritualidad alfonsiana: una espiritualidad centrada en la práctica del amor»[7].

Pero, ¿existe una espiritualidad alfonsiana? He aquí la primera pregunta. La respuesta es afirmativa. ¿Existe una escuela espiritual alfonsiana? Ciertamente. Para probarlo bastaría recordar el dato, que dimos al principio, de la difusión de sus obras en incontables ediciones y en todas las lenguas modernas. Las innumerables personas e instituciones que han hecho suya su doctrina. La Iglesia jerárquica y el pueblo llano han encontrado en ellas el valor objetivo del proyecto y mensaje que ofrece san Alfonso. ¿Qué vieron san Juan Bosco y san Antonio María Claret en su persona y en sus escritos para aceptarle como maestro? ¿Qué intuyeron el cardenal J. H. Newman y sus discípulos del Movimiento de Oxford en el siglo pasado?

Supuesta la existencia de un estilo y una vivencia de lo cristiano en la obra escrita de san Alfonso, veamos cuáles son sus características específicas y el núcleo o tema esencial.

---

[7] M. VIDAL, *Moral y espiritualidad. De la separación a la convergencia,* Cuadernos PS, I, Madrid 1997, 78ss.

a) *Características*

¿Qué es eso tan especial que los lectores perciben en la obra escrita de san Alfonso? Es evidente que no se encuentra un rasgo genial y distintivo de su espiritualidad, como puede ser el método de los *Ejercicios espirituales* de san Ignacio. Tampoco un camino nuevo para la oración como en santa Teresa o san Juan de la Cruz. Ni una teología espiritual como la de las grandes escuelas tradicionales (benedictina, franciscana, oratoriana, etc). Todo esto es cierto, aunque podamos encontrar en la espiritualidad alfonsiana elementos y aspectos de todas estas escuelas. Es clara, por ejemplo, la influencia de santa Teresa en san Alfonso. La tuvo siempre por patrona y maestra. Igualmente encontramos rasgos de la espiritualidad jesuítica y oratoriana. Uno de los maestros que aparece con frecuencia en sus páginas es san Francisco de Sales. «La originalidad alfonsiana se encuentra en el uso de esos elementos y en la conformación que con ellos hace del cuadro pedagógico-espiritual de la vida cristiana»[8]. Veamos las características de esta espiritualidad:

1. *Una espiritualidad popular.* La espiritualidad alfonsiana tiene como destinatario principal al pueblo cristiano. Se dirige a los religiosos y sacerdotes. La santidad o perfección –como se decía entonces– es para todos. Un patrimonio común, no elitista o privilegio de

---

[8] *Ib*, 83.

clase social o profesión alguna, de dinero o
de estudio. Alfonso socializó la espiritualidad,
llevándola a las clases más humildes del campo o de la ciudad.

2. *El sentimiento como fuerza y motor.* Se ha ta-
chado a la espiritualidad de Alfonso de «un-
tuosa». Una espiritualidad blanda, de corte
latino, y más concretamente napolitano. Hay,
según dicen, una espiritualidad fría, serena,
dominada por la razón y la objetividad de la ·
fe. Esta sería la verdadera, la auténtica. La
otra nacería del sentimiento y conduciría
a las emociones, las lágrimas. Su objetivo
serían las prácticas piadosas: novenas, proce-
siones, ejercicios piadosos de corte popular.
   La opción alfonsiana por el pueblo llano no trata de imponer el sentimiento a la
razón. Se dirige a la persona que es «inteli-
gencia sentiente». Los sentimientos tienen
un papel relevante en el comportamiento
humano y religioso. San Alfonso se sirve de
la música, de la poesía, de la pintura para
provocar una respuesta del hombre a Dios
que le llama y le quiere. Para nada busca y
quiere un sentimentalismo estético inútil. Las
lágrimas, suspiros, imágenes, actos externos,
etc., forman parte de su espiritualidad, pero
siempre como medios para un fin superior. El
hombre se mueve por ideas y sentimientos.
Y los sentimientos y emociones son el motor,
el calor y la fuerza de las ideas. Esto también
lo aprendió el santo de la retórica clásica.

Por tanto, los afectos y súplicas, jaculatorias, frases cortas y lapidarias llevan a la acción, mueven y transforman. Repetidas insistentemente nos llevan «a la oración de Jesús». Este sería el efecto de los «mantras» en la espiritualidad budista. Por eso al final de cada capítulo reservará Alfonso un espacio para los «afectos y súplicas».

3. *Espiritualidad práctica.* ¿Qué hemos de entender por espiritualidad práctica? Por un lado, no se puede reducir la práctica a un mero practicismo falto de criterios y principios. La espiritualidad práctica apunta a la orientación y educación cristiana del pueblo y a la aplicación concreta a la realidad. Sería todo lo contrario a planteamientos «etéreos, inconcretos, evanescentes, de pura estética teórica». Quizás la palabra más actual para definirla sería la de «praxis». La obra de espiritualidad alfonsiana, de estilo popular, lleva, se dirige e incita a una *praxis* del mensaje cristiano en una circunstancia y situación concreta. El pensar y el sentir deben llevar al obrar y actuar... A un compromiso personal y social con la realidad concreta de cada uno.

4. *Sencillez, espontaneidad.* Finalmente, la espiritualidad alfonsiana se presenta en una forma admirable de sencillez y espontaneidad. Desde el sentido común y la verdad de la doctrina cristiana, Alfonso es espontáneo, fluido, inteligente. Ni exageradamente pesimista ni inge-

nuamente optimista, se muestra siempre como el hombre que quiere comunicar lo que piensa y lo que siente. Todo él está en sus escritos, tal cual es. No teme aportar el testimonio de santos, doctores y hombres de peso tomados de sus lecturas de la Escritura, de los padres o simplemente de la historia. Y más particularmente de la historia del cristianismo.

b) *El núcleo o tema de la espiritualidad alfonsiana*

¿Cuál es el núcleo o tema de la espiritualidad alfonsiana? El santo lo formula así: «Toda perfección (espiritualidad) se reduce a poner en práctica dos cosas: *el desapego de las criaturas y la unión con Dios*». Es la misma llamada de Cristo en el Evangelio: «El que quiera venir en pos de mí, niéguese a sí mismo, tome su cruz y sígame» (Mt 16,24).

Esta formulación expresa de modo perfecto el contenido nuclear y la orientación básica de la espiritualidad alfonsiana. La repite una y otra vez como tema o estribillo de una pieza musical. Todos los elementos empleados en la misma concurren a ponerla en práctica.

El tema aparece ya en 1743 con la publicación de su primera obra ascética: *Breve práctica de la perfección tomada de la doctrina de santa Teresa*. Se repetirá en todas sus obras y, por tanto, podemos pensar que es la síntesis personal del autor, que mantendrá inalterable a lo largo de toda su vida.

Los estudiosos de la espiritualidad alfonsiana ven en esta fórmula un formidable proyecto pedagógico.

La vida espiritual es una lucha, como ya la ascética clásica lo había dicho. Pero la novedad y originalidad está en el doble movimiento de la misma: movimiento de alejamiento, negación, desapego de las criaturas *(distacco dalle creature)*; afirmación, acercamiento, unión con Dios *(unione con Dio)*. Sin querer nos acordamos de la primera de las *Doce reglas* que Pico de la Mirandola da a los que se aman: *Amare unum tamtum et contemnere omnia pro eo* (Amar a uno solo y despreciar todo por él).

Detrás de esta fórmula está la visión que Alfonso tiene de la espiritualidad. El «dejarlo todo» y «unirse a Dios» se transforma en el seguimiento de Cristo, en el amor apasionado a Cristo. Se dirá que esta misma fórmula y sus elementos se encuentran ya en otros autores, pero la síntesis es de acuñación típicamente alfonsiana. La peculiaridad está en el énfasis que pone en algunos elementos. Citaremos algunos: a) la *contemplación práctica* de los misterios cristológicos de la encarnación-pasión-presencia eucarística; b) la *búsqueda* de la voluntad de Dios dentro del estado o vocación particular a la que uno ha sido llamado; c) la *vivencia* de la presencia de Dios en cada momento y hora de la vida; d) la *práctica de la oración mental* (y de la lectura espiritual); e) la *insistencia en la oración de petición:* «el que reza se salva», «el que reza sale del pecado», etc. Y otros, como la comunión frecuente, las visitas al Santísimo Sacramento, la devoción filial a María y otras prácticas de devoción.

La *práctica del amor* nos lleva a lo más medular de la espiritualidad alfonsiana. De los elementos que la integran, el primero es el elemento éticoespiritual del amor. Para el santo el camino de la perfección es el camino de la caridad. El desarrollo espiritual consiste en el crecimiento de la caridad que es, al mismo tiempo, inicio, camino y meta de la vida cristiana. «El tema del amor está presente en todos los escritos espirituales de Alfonso. *Amor* es de hecho la palabra que encontramos en cada una de sus páginas»[9].

4. *Práctica de amar a Jesucristo*

La *Práctica de amar a Jesucristo* es el mejor test para entender la doctrina espiritual de Alfonso. Esta obra da sentido al conjunto de su espiritualidad. «Sin este libro, a la síntesis alfonsiana le faltaría la clave de bóveda. Con él, su espiritualidad queda centrada en la práctica del amor»[10]. «En este libro –dice B. Häring–, que ha contribuido a la formación de la conciencia de millones de creyentes, el autor describe toda la vida cristiana a la luz del capítulo 13 de la primera Carta de san Pablo a los corintios, el gran cántico del amor redento y redentor»[11].

«La *Práctica de amar a Jesucristo* –se nos dice en la introducción a la edición publicada con motivo del segundo centenario de la muerte de san Alfonso (1787-1987)– se considera la obra fundamental para comprender el concepto que el santo tenía de la teología moral y de su función. La teología moral tiene en cuenta el vivir cotidia-

---

[9] M. VIDAL, *o.c.*, 98.
[10] *Ib*, 99.
[11] B. HÄRING, *o.c.*, 53.

no del cristiano. No consiste en la observancia de leyes o preceptos, sino en una constante actividad creadora, esto es, en la *práctica del amor* que, purificando al hombre de las escorias del pecado y de toda merma espiritual, mediante el ejercicio de todas las virtudes, lo eleva hasta la más alta unión con Dios, es decir, a la perfecta uniformidad con la voluntad de Dios»[12].

Para una lectura inteligente y provechosa de esta obra ofrecemos unas notas sobre: el valor y la estima del libro que el autor, sus biógrafos y estudiosos tienen de él; su estructura interna y su dinámica, y su actualidad.

a) *Valor y estima de* Práctica de amar a Jesucristo

A lo dicho en la primera página de esta Introducción añadimos ahora la estima que el autor tenía de este libro. Hace referencia a él en distintas cartas. Planeado a finales de verano de 1767, fue elaborado con singular rapidez en el verano de 1768[13]. El autor lo considera «muy útil para todos» (III, 308), «especialmente para los religiosos» (II, 77; III, 318), «quizás la obra más devota y útil de cuantas he escrito» (III, 311). Está convencido de que ha puesto en ella «muchas bellas cosas sobre el amor que Jesús nos tiene y sobre el amor que le debemos» (II, 55). Con esta obra cree cerrado el ciclo de su producción ascética.

---

[12] J. Capone, Prefacio, *o.c.*
[13] S. Alfonso, *Lettere* II, 55, 76-77, 77-78; III, 308, 311, 315 *passim.*

Si ahora examinamos a los estudiosos del santo, nos encontramos con estos juicios: *«Práctica de amar a Jesucristo* es la reina y más preciosa de todas sus obras ascéticas»* (Romano). «El canto del cisne entre las obras ascéticas parangonables al Kempis» (Keusch). «Su libro más denso y provechoso» (R. Bayón). «Obra maestra», «obra madura, una especie de autobiografía espiritual», «obra verdaderamente definitiva de su pensamiento moral y ascético», «trasunto del alma de Alfonso»[14].

Echando ahora una mirada a la historia de la espiritualidad, san Alfonso se presenta en este libro como uno de los grandes glosadores y cantores del amor cristiano. En su boca y en su pluma resuenan las palabras de san Juan: «Dios es amor y quien permanece en el amor, Dios está en él y él en Dios». De san Pablo: «Me amó y se entregó por mí». De san Agustín: «Ama y haz lo que quieras». De san Francisco: «El amor no es amado». De santa Catalina de Siena: «Mi corazón es fuego». De san Juan de la Cruz: «En el atardecer de la vida seremos examinados de amor». De santa Teresa: «Vivo sin vivir en mí...». E infinidad de otros.

Esta antología de textos y de testimonios, tomados de la historia de la espiritualidad cristiana, nos indica el valor de este libro, que reivindica el amor y su fuerza significativa en la vida de los cristianos. Por este libro, san Alfonso se sitúa entre los grandes cantores del amor cristiano. No sería un disparate colocar en esta misma línea a la doctora

---

[14] Textos tomados de los principales biógrafos y estudiosos de san Alfonso (cf M. VIDAL, *o.c.*, 99).

de la Iglesia, santa Teresa de Lisieux, quien dijo de sí misma: «Mi vocación es el amor». «La enseñanza de Teresa, verdadera ciencia del amor, es la expresión del amor de Cristo y de su experiencia personal de la gracia» (Juan Pablo II).

b) *Estructura y dinámica*

El libro comienza con una afirmación rotunda: «Toda la santidad y perfección del alma consiste en amar a Jesucristo, Dios nuestro, sumo bien y Salvador. La caridad es la que une y conserva todas las virtudes que perfeccionan al hombre... La perfección está en amar a Dios de todo corazón...» (c. 1,1).

Desde el principio aparece en el libro la orientación cristológica con que entiende la práctica del amor. Cristo aparece como meta y destinatario del amor cristiano; como el camino y norma; como vida que se nos da y nos transforma por dentro hasta hacernos semejantes a él, santos (cf c. 1-4).

Para llevar al cristiano a amar a Dios, san Alfonso ofrece las razones o argumentos que tenemos para amarle. ¿Por qué el amor? ¿Por qué la entrega total a Cristo?, se pregunta. La respuesta es inmediata y contundente: porque Él nos ha amado primero: «Tanto amó Dios al mundo que le dio a su Hijo Unigénito»[15].

---

[15] Jn 3,16. La antología de textos sobre el amor cristiano es admirable en los cuatro primeros capítulos de la obra. Está formada por textos bíblicos, de los santos padres y de los santos.

En los cuatro primeros capítulos expone el santo las razones por las que hemos de amar a Jesucristo. Los misterios cristológicos de la encarnación, pasión y eucaristía son las grandes razones del amor a Cristo. «Jesucristo, por ser Dios, merece de por sí todo nuestro amor; pero él, con el amor que nos ha manifestado, ha querido ponernos en la estrecha necesidad de amarlo» (c. 4,1). «El amor –dirá citando a san Pablo– es la plenitud de la ley» (c. 4,2). El amor –se insiste en el capítulo 4– engendra amor y lleva al amor. El cristiano ha de entender así el primer mandamiento: *«Amarás al Señor, tu Dios, con todo tu corazón».* Y termina: «Este ha de ser todo nuestro afán, alcanzar el verdadero amor a Jesucristo» (c. 4,11). Pero, ¿cuál es el verdadero amor?, ¿qué características tiene?, ¿cómo hemos de amar a Jesucristo?

La respuesta nos la da en los 12 capítulos siguientes (del 5 al 17). Son una glosa a las definiciones que los «maestros del espíritu» han dado al amor. Y de una manera particular san Pablo en el capítulo 13 de la primera Carta a los corintios.

Los *maestros del espíritu* describen el amor verdadero con estos caracteres: «El amor, dicen, es *temeroso,* porque lo único que teme es desagradar a Dios. Es *generoso,* porque, puesta su confianza en Dios, lánzase a empresas a mayor gloria de Dios. Es *fuerte,* porque vence los desordenados apetitos y aun en medio de las más violentas tentaciones sale siempre triunfador. Es *obediente,* porque a la menor inspiración inclínase a cumplir la divina inspiración. Es *puro,* porque solo tiene a Dios por objeto y ámale porque merece ser amado. Es *ardiente,* porque quisiera encender en todos los corazones el fuego del amor y verlos abrasados en divina caridad. Es *embriagador,* porque hace andar al alma fuera de sí, como si no viera ni sintiera, ni tuviera sentidos para las cosas terrenas, pensando solo en amar a Dios. Es *unitivo,* porque logra unir con apretado lazo de amor la voluntad de la criatura con la del Creador. Es *suspirante,* porque vive el alma llena de deseos de abandonar este destierro para volar a unirse perfectamente con Dios en la patria bienaventurada, para allí amarle con todas sus fuerzas» (c. 4,11). En todas estas características del amor sacadas de los maestros del espíritu no es difícil adivinar el eco y la resonancia de *Las Doce condiciones del amante* de Pico de la Mirandola (1463-1494).

«Pero nadie mejor que san Pablo, el gran predicador de la caridad, nos declara cuáles sean sus caracteres y en qué consiste su práctica. En su primera Carta a los corintios, en el capítulo 13, afirma que, sin la caridad, de nada vale el hombre ni nada le aprovecha: "Aunque tuviera plenitud de fe como para trasladar montañas, si no tengo caridad, nada soy. Aunque repartiera todos mis bienes y entregara mi cuerpo a las llamas, si no tengo caridad, nada me aprovecha"».

Por eso san Pablo continúa describiéndonos las contraseñas de la divina caridad, enseñándonos a la vez la práctica de aquellas virtudes que son sus hijas: «La caridad es paciente, es servicial; la caridad no es envidiosa, no es jactanciosa, no se engríe; es decorosa; no busca su interés; no se irrita; no toma en cuenta el mal; no se alegra de la injusticia; se alegra con la verdad. Todo lo excusa. Todo lo cree. Todo lo espera. Todo lo soporta» (1Cor 13,2-7) (c. 4,12).

Al cerrar el cuarto capítulo, nos da el santo el significado y la finalidad del libro: «Consideremos en el presente libro estas diversas prácticas de la caridad, para ver si reina verdaderamente en nosotros el amor que debemos a Jesucristo y examinar las virtudes en que principalmente nos habemos de ejercitar para conservar en nosotros y acrecentar este santo amor».

He aquí unas claves para la lectura provechosa de este libro. Repare el lector en la estructura misma de los capítulos; su disposición en puntos que facilitan la lectura, permitiendo fijar mejor las ideas. La sección final de *Afectos y plegarias* es muy propia y original para llevar a la práctica las ideas y pensamientos del capítulo.

5. Actualidad de la doctrina de Alfonso

«Desde hace varias décadas está en marcha el notable proyecto de redescubrir la fuerza significativa del amor dentro de la síntesis, teórica y vital, del cristianismo. Para recuperar el rostro alegre de personas salvadas, los cristianos precisamos hacer una relectura del Evangelio del amor»[16].

La vida y la enseñanza de Alfonso nos enseñan a redescubrir el *Amor* como expresión excelente

---

[16] Palabras de Juan Pablo II en la proclamación de santa Teresa de Lisieux como Doctora de la Iglesia (19 de octubre de 1997).

—«camino mejor»— de su propuesta de la espiritualidad cristiana. El Evangelio es una Buena Nueva del amor salvífico o de la salvación amorosa. Es este un mensaje alegre, gozoso, que nos descubre que «Dios es amor». Esto convierte a nuestro santo en el evangelizador y maestro del amor y de la abundante salvación cristiana.

«San Alfonso se sitúa así en la *corriente cálida* del catolicismo, es decir, la presentación y la vivencia de la vida cristiana como una Buena Nueva de salvación». Se adelanta a su inmediata compañera en el doctorado, santa Teresa de Lisieux, de quien dijo Juan Pablo II estas palabras: «En una época como la nuestra, marcada en tantos aspectos por la cultura de lo efímero y del hedonismo, este nuevo doctor de la Iglesia aparece dotado de una eficacia singular para iluminar la mente y el cuerpo de quien tiene sed de verdad y amor... Con una simplicidad desarmante, ella propone la "pequeña vía" que, reparando en las cosas esenciales, conduce al secreto de toda existencia: el amor divino que envuelve y penetra toda cuestión humana... Arroja nueva luz sobre los misterios de la fe, una comprensión más profunda del misterio de Cristo»[17].

6. San Alfonso en el mundo iberoamericano

Ya solo resta decir una palabra sobre la proyección de san Alfonso en el público español e iberoamericano. Hoy hay redentoristas españoles en España,

---

[17] *Ib.*

Iberoamérica, África y hasta en China. Ellos han sido los principales difusores de la doctrina y del mensaje del fundador en las misiones parroquiales, los ejercicios espirituales, las comunidades de base, la dirección de parroquias, etc. Lo han hecho con la palabra y con la pluma. En efecto, prácticamente desde mediados del siglo XIX, buena parte de los escritos de san Alfonso están en español, algunos también en catalán. A falta de un estudio completo sobre la difusión de la obra ascética y moral de san Alfonso, aportamos algunos datos de interés en España.

Las primeras publicaciones de las obras de Alfonso en español aparecen en Barcelona. Se deben al celo de otro santo y gran admirador de Alfonso: san Antonio María Claret. «Persuadido este de los bienes que al pueblo cristiano reportan las obras espirituales de san Alfonso, las incluyó entre las que por su iniciativa publicaba –a partir de 1847– la Librería Religiosa de Barcelona»[18]. «No todas aquellas versiones –prosigue Tellería–, ni tampoco la de don Joaquín Roca y Cornet, podían alardear de casticismo y elegancia. Pero aún con sus lunares de estilo, pusieron en circulación no pocas joyas de la ascética alfonsiana. Y, a falta de una edición completa, aún hoy día, la sustituyeron con relativo decoro»[19].

Pero hay más. Barcelona, pionera en tantas cosas, tiene el privilegio de haber editado las dos obras fundamentales de moral de nuestro santo.

---

[18] R. Tellería, *S. Alfonso María de Ligorio, obispo, fundador, doctor* II, PS, Madrid 1951, 930.
[19] *Ib.*

«Probablemente, tampoco fue extraño, de una u otra manera, el P. Claret a la reedición del texto de la *Theologia Moralis*, sacada a luz en Barcelona (1858). Se completaba así la divulgación de los originales alfonsianos promovida años antes desde Burgos por D. Raimundo de Miguel al poner en castellano el *Homo apostolicus* y publicarlo primero en París y luego en Barcelona (1848)»[20].

Casi simultáneamente, la imprenta Pons de Madrid publica, a lo largo de la segunda mitad del siglo XIX, algunas de las obras ascéticas y dogmáticas. Durante este tiempo, la doctrina moral de san Alfonso va penetrando en los manuales para los sacerdotes y confesores. También a mediados de este siglo, la obra de san Alfonso se difunde en Hispanoamérica, sobre todo en México.

A finales de siglo y sobre todo durante el siglo XX, la difusión del pensamiento y los escritos de Alfonso se centra en varias editoriales de Madrid, Barcelona y Sevilla. A la editorial Perpetuo Socorro le corresponde la tarea principal de difundir su pensamiento y su obra ascética, moral, dogmática y pastoral. Buena parte de su catálogo está cubierto por la obra alfonsiana. La revista *Moralia*, dirigida por el Instituto Superior de Ciencias Morales, es la voz más autorizada hoy para conocer al santo Doctor de confesores y moralistas. Son muchos los redentoristas que han contribuido a la difusión. Imposible citar sus nombres.

Terminamos con las palabras de Raimundo de Miguel: «Un doctor que enseña con la palabra y

---

[20] *Ib*, 930-931.

el ejemplo es dos veces doctor. Y un doctor que se hace santo practicando aquello mismo que enseña puede hacer muchos santos. He aquí por qué se aprecian tanto entre los sabios las obras de san Ligorio».

PEDRO R. SANTIDRIÁN

BIBLIOGRAFÍA BREVE

BAYÓN R., *Cómo escribió Alfonso de Ligorio*, Madrid 1940.

GOY P. ANDRÉS (ed.), *Obras ascéticas de san Alfonso*, BAC, Madrid 1956.

NAVARRO VILLOSLADA F., *Vida de san Alfonso Mª de Ligorio*. Primera biografía en español de san Alfonso.

Opere Ascetiche, 14 vols., Roma 1935-1968.

REY-MERMET T., *El Santo del Siglo de las Luces*, BAC, Madrid 1985.

RUIZ D., *San Alfonso de Ligorio. Un grande al servicio de los pequeños*, BAC, Madrid 1987.

TELLERÍA R., *San Alfonso de Ligorio, obispo, fundador, doctor*, 2 vols., PS, Madrid 1950.

VIDAL M., *Frente al rigorismo moral, benignidad pastoral*, PS, Madrid 1986; *Moral y espiritualidad. De la separación a la convergencia*, Cuadernos PS, I, Madrid 1997. Espléndido estudio sobre la espiritualidad de san Alfonso, al que nos hemos remitido constantemente en esta introducción.

Práctica
de amar a
Jesucristo

Capítulo 1

Cuánto merece ser amado Jesucristo por el amor que nos manifestó en su pasión

[1] Toda la santidad y perfección del alma consiste en amar a Jesucristo, Dios nuestro, sumo bien y Salvador. «Quien me ama –dice el mismo Jesús– será amado de mi Padre, y yo lo amaré» (Jn 14,21). «Algunos –dice san Francisco de Sales– ponen la perfección en la austeridad de la vida, otros en la oración, quiénes en la frecuencia de sacramentos y quiénes en el reparto de limosnas; pero todos se engañan, porque la perfección está en amar a Dios de todo corazón». Escribió el apóstol: «Y por encima de todo esto, revestíos de la caridad que es el vínculo de la perfección» (Col 3,14). La caridad es la que une y conserva todas las virtudes que perfeccionan al hombre; por eso decía san Agustín: «Ama, y haz lo que quieras», porque el mismo amor enseña al alma que ama a Dios a no hacer cosa que le desagrade y a hacer cuanto sea de su agrado.

[2] ¿Acaso no merece Dios todo nuestro amor? Él nos amó desde toda la eternidad. «Con amor eterno te he amado» (Jer 31,3). Hombre, dice el Señor, mira que fui el primero en amarte. Aún no habías

nacido, ni siquiera el mundo había sido creado, y yo ya te amaba. Te amo desde que soy Dios: desde que yo me amo, te he amado también a ti. Razón tenía, pues, la virgencita santa Inés cuando, al solicitarla otros amantes de la tierra pidiéndole su amor, ella les respondía: «Ya he sido conquistada por otro amante. Fuera, dejad de pretender mi amor; mi Dios ha sido el primero en amarme, ya que me amó desde toda la eternidad; por consiguiente es justo que a Él consagre todos mis afectos y a nadie más que a Él».

[3] Viendo Dios que los hombres se dejan atraer por los beneficios, quiso, por medio de sus dones, cautivarlos a su amor. Por ello dijo: «Con cuerdas humanas los atraía, con lazos de amor» (Os 11,4). Quiero atraer a los hombres para que me amen con aquellos lazos con que ellos se dejan atraer, es decir, con los lazos del amor. Y eso han sido todos los dones hechos por Dios al hombre. Después de haberlo dotado de alma, imagen perfectísima suya y enriquecida de tres potencias, memoria, entendimiento y voluntad, y haberle dado un cuerpo embellecido con los sentidos, creó para él el cielo y la tierra y cuanto hay en ellos: las estrellas, los planetas, los mares y los ríos, las fuentes y los montes, los valles, los metales, los frutos y todas las especies de animales; de modo que, sirviendo al hombre, amase este a Dios en agradecimiento a tantos beneficios. Decía san Agustín: «El cielo, la tierra y todas las cosas me están diciendo que te ame». «Señor mío –proseguía– todo cuanto veo en la tierra y fuera de ella, todo me habla y me

exhorta a amarte, porque todo me dice que tú lo has creado por mí». El abad Rancé, fundador de la Trapa, cuando desde su eremitorio se detenía a contemplar las colinas, las fuentes, los regatillos, las flores, los planetas, los cielos, sentía que todas estas criaturas le inflamaban en amor a Dios, que por su amor las había creado.

[4] También santa María Magdalena de Pazzi, cuando tomaba una hermosa flor, se sentía abrasar de amor divino y exclamaba: «¡Desde toda la eternidad pensó Dios en crear esta florecita por mí!». Así aquella flor venía a ser como un dardo de amor que la hería dulcemente y la unía más con Dios. A su vez, santa Teresa de Jesús decía que, mirando los árboles, fuentes, riachuelos, riberas o prados, oía que le recordaban su ingratitud en amar tan poco al Creador que las había creado para ser amado por ella. Se cuenta de un devoto solitario que, paseando por los campos, sentía cómo las hierbezuelas y flores le reprochaban su ingratitud para con Dios, por lo que las acariciaba suavemente con su bastón y les decía: «Callad, callad; me llamáis ingrato y me decís que Dios os creó por amor mío y que no le amo; ya os entiendo, callad, callad y no me lo reprochéis más».

[5] Pero no se contentó Dios con darnos estas hermosas criaturas. Para cautivar todo nuestro amor, llegó a darse por completo a sí mismo. El Eterno Padre ha llegado a darnos a su propio y único Hijo: «Porque tanto amó Dios al mundo que dio a su Hijo único para que todo el que crea en Él

no perezca, sino que tenga vida eterna» (Jn 3,16).
Viendo el Eterno Padre que todos nosotros estábamos muertos por el pecado y privados de su gracia,
¿qué hizo? Por el inmenso amor que nos tenía, o,
como dice el apóstol, por su excesivo amor, mandó
a su amadísimo Hijo a satisfacer por nosotros y devolvernos así la vida que el pecado nos había quitado: «Pero Dios, rico en misericordia, por el gran
amor con que nos amó, estando muertos a causa
de nuestros delitos, nos vivificó juntamente con
Cristo» (Ef 2,4-5). Y, dándonos al Hijo –no perdonando al Hijo para perdonarnos a nosotros–, junto
con el Hijo nos dio toda clase de bienes: su gracia,
su amor y el paraíso, porque todos estos bienes
son ciertamente menores que el Hijo: «El que no
perdonó a su propio Hijo, antes bien le entregó por
nosotros, ¿cómo no nos dará con él gratuitamente
todas las cosas?» (Rom 8,32).

[6] Y así también el Hijo, por el amor que nos
tenía, se nos entregó enteramente a nosotros. Él,
para redimirnos de la muerte eterna y devolvernos
la gracia divina y el paraíso perdido, se hizo hombre
y se vistió de carne como nosotros: «Y el Verbo se
hizo carne» (Jn 1,14). Y vimos a un Dios anonadado, «el cual, siendo de naturaleza divina, no retuvo
ávidamente el ser igual a Dios. Sino que se despojó
de sí mismo tomando la condición de siervo, haciéndose semejante a los hombres y apareciendo
en su porte como hombre» (Flp 2,6-7). He aquí
al Señor del universo que se humilla hasta tomar
forma de esclavo y se somete a todas las miserias
que el resto de los hombres padecen.

[7] Pero lo que más nos asombra es que, habiéndonos podido salvar sin padecer ni morir, eligió una vida trabajosa y humillada y una muerte amarga e ignominiosa, hasta morir en la cruz, patíbulo infame reservado a los malhechores. «Y se humilló a sí mismo obedeciendo hasta la muerte, y muerte de cruz» (Flp 2,8). Pero, ¿por qué, pudiéndonos redimir sin padecer, quiso abrazarse con muerte de cruz? Para demostrarnos el amor que nos tenía: «Vivid en el amor como Cristo os amó y se entregó por nosotros como oblación y víctima de suave aroma» (Ef 5,2). Nos amó, y porque nos amó se entregó a los dolores, a las ignominias y a la muerte más amarga que jamás hombre alguno padeció sobre la tierra.

[8] Razón tenía el gran enamorado de Jesucristo, san Pablo, al afirmar: «El amor de Cristo nos apremia» (2Cor 5,14). Quiere decir el apóstol que le obligaba y como forzaba más a amar a Jesucristo, no tanto lo que por él había padecido cuanto el amor con que lo había sufrido. Oigamos lo que dice san Francisco de Sales a propósito del citado texto: «Saber que Jesucristo, verdadero eterno Dios y omnipotente, nos ha amado hasta querer sufrir por nosotros muerte de cruz, ¿no es sentir como prensados nuestros corazones y apretados fuertemente, para exprimir de ellos el amor con una violencia que cuanto es más fuerte, es tanto más amable?». Y añade: «¿Por qué no nos abrazamos en espíritu a Él, para acompañarle en la muerte de cruz, ya que en ella quiso morir por nuestro amor?... Un mismo fuego consumirá al Creador y a su miserable cria-

tura; mi Jesús es todo mío y yo todo suyo. Viviré y moriré sobre su pecho, y ni la muerte ni la vida serán poderosas para separarme de Él. ¡Oh amor eterno! mi alma te busca y te elige para siempre. Ven, Espíritu Santo, e inflama nuestros corazones en vuestro amor. O amar o morir. Morir a cualquier otro amor y vivir para Jesús. ¡Salvador de nuestras almas!, cantaremos eternamente: ¡Viva Jesús a quien amo! ¡Amo a Jesús que vive por los siglos de los siglos! Amén».

[9] Tanto era el amor que Jesucristo tenía a los hombres, que le hacía anhelar la hora de su muerte para demostrarles su afecto, por lo que decía: «Con un bautismo tengo que ser bautizado, y ¡qué angustiado estoy hasta que se cumpla!» (Lc 12,50). Tengo que ser bautizado con mi propia sangre, y ¡cómo me aprieta el deseo de que suene pronto la hora de la pasión, para que comprenda el hombre el amor que le profeso! De ahí que san Juan, hablando de la noche en que Jesucristo comenzó su pasión, escribe: «Sabiendo Jesús que había llegado su hora de pasar de este mundo al Padre, habiendo amado a los suyos que estaban en el mundo, los amó hasta el extremo» (Jn 13,1). El Redentor llamaba aquella hora «su hora», porque el tiempo de su muerte era su tiempo deseado, pues entonces quería dar a los hombres la postrer prueba de su amor, muriendo por ellos en una cruz, acabado de dolores.

[10] Pero ¿quién fue tan poderoso que movió a Dios a morir ajusticiado en un patíbulo, en medio de los malhechores, con tanto desdoro de su

divina majestad? ¿Quién hizo esto?, pregunta san Bernardo, y responde: Eso lo hizo el amor, que no entiende de puntos de honra. Y es que el amor, cuando quiere darse a conocer, no tiene en cuenta lo que más conviene a la dignidad del amante, sino lo que mejor expresa la forma de manifestar su amor al ser amado. Tenía razón san Francisco de Paula al exclamar ante un crucifijo: «¡Oh caridad, oh caridad, oh caridad!». De la misma forma, todos nosotros, mirando a Jesús crucificado, debiéramos decir: ¡Oh amor, oh amor, oh amor!

[11] Si no nos lo asegurara la fe, ¿quién podría jamás llegar a creer que un Dios omnipotente, felicísimo y Señor de todo cuanto existe, llegara a amar de tal modo al hombre que se diría había salido como fuera de sí? «Hemos visto a la divina Sabiduría –dice san Lorenzo Justiniano–, al Verbo eterno, como enloquecido por el mucho amor que profesa a los hombres». Igual decía santa María Magdalena de Pazzi cuando, en éxtasis, tomó una cruz y exclamó: «Sí, Jesús mío, estás loco de amor. Lo digo y lo repetiré siempre: Estás loco de amor, Jesús mío». Pero no, dice san Dionisio Areopagita, «no es la locura, sino el efecto natural del divino amor, el que hace al amante salir de sí para darse completamente a la persona amada.

[12] ¡Oh si los hombres se detuvieran a considerar, cuando ven a Jesús crucificado, el amor que les tuvo a cada uno de ellos! «Y ¿cómo no quedaríamos abrasados de ardiente celo –decía san Francisco de Sales– a vista de las llamas que abrasan al

Redentor?... Y ¿qué mayor gozo que estar unidos a Él por las cadenas del amor?». San Buenaventura llamaba a las llagas de Jesucristo «llagas que hieren los más duros corazones y que inflaman en amor a las almas más heladas». Y ¡cuántas flechas de amor salen de aquellas llagas para herir los corazones más duros! Y ¡cuántas llamas salen del corazón amoroso de Jesús para inflamar los corazones más fríos! Y ¡cuántas cadenas salen de aquel herido costado para cautivar los corazones más rebeldes!

[13] El venerable Juan de Ávila estaba tan enamorado de Jesucristo, que en todos sus sermones no dejaba de predicar del amor que nos profesó, y en un tratado suyo sobre el amor de este amantísimo Redentor a los hombres, se expresa con tan encendidos afectos, que, por serlo tanto, prefiero transcribirlos. Dice así:

[14] «¡Oh amor divino, que saliste de Dios, y bajaste al hombre, y tornaste a Dios! Porque no amas al hombre por el hombre, sino por Dios; y en tal manera lo amaste que quien considera este amor no se puede defender de tu amor, porque hace fuerza a los corazones, como dice tu apóstol: "La caridad de Cristo nos apremia" (2Cor 5,14). El origen del amor de Jesucristo hacia los hombres es su caridad hacia Dios. Esto significan aquellas palabras suyas que dijo el jueves de la cena: "Para que conozca el mundo que amo a mi Padre, ¡levantaos y vamos de aquí!" (Jn 14,31). ¿Adónde? A morir por los hombres en la cruz».

[15] «No alcanza ningún entendimiento angélico qué tanto arda ese fuego ni hasta dónde llegue su virtud. No es el término hasta donde llegó, la muerte y la cruz; porque si, así como le mandaron padecer una muerte, le mandaran millares de muertes, para todo tenía amor. Y si lo que le mandaron padecer por la salud de todos los hombres le mandaran hacer por cada uno de ellos, así lo hiciera por cada uno como por todos. Y si, como estuvo aquellas tres horas penando en la cruz, fuera menester estar allí hasta el día del juicio, amor había para todo si nos fuera necesario. De manera que mucho más amó que padeció; muy mayor amor le quedaba encerrado en las entrañas de lo que mostró acá fuera en sus llagas. ¡Oh amor divino, y cuánto mayor eres de lo que pareces! Grande parece por acá fuera; porque tantas heridas y tantas llagas y azotes, sin duda nos predican amor grande; pero no dicen toda la grandeza que tiene, porque mayor es allá dentro de lo que por fuera parece. Centella es esta que sale de aquel fuego, rama es esta que procede de ese árbol, arroyo que nace de ese piélago de inmenso amor. Esta es la mayor señal que puede haber de amor: poner la vida por sus amigos; pero es señal y no igualdad».

[16] «Este amor es aquel que hace salir fuera de sí a las almas buenas, y las hace quedarse atónitas cuando se les da a conocer. De aquí nace el deshacerse y abrasarse sus entrañas; de aquí el desear los martirios; de aquí el sentir refrigerio en las parrillas y el pasearse sobre las brasas como sobre rosas; de aquí el desear los tormentos como convites, y

holgarse de todo lo que el mundo teme, y abrazar lo que el mundo aborrece. Dice san Ambrosio que el alma, que está desposada con Cristo en la cruz, ninguna cosa tiene por más gloriosa que traer consigo las injurias del Crucificado.

[17] «Pues ¿cómo te pagaré, Amador mío, este amor? Esto solo es digno de recompensa, que la sangre se recompense con sangre. ¡Oh cruz!, hazme lugar y recibe mi cuerpo y deja el de mi Señor. ¡Ensánchate, corona, para que pueda yo poner ahí mi cabeza! ¡Dejad, clavos, esas manos inocentes y atravesad mi corazón y llagadlo de compasión y de amor! Por eso, Jesús mío, dice san Pablo que moriste: "Porque Cristo murió y volvió a la vida para ser Señor de vivos y muertos" (Rom 14,9). No con amenazas y castigos, sino con obras de amor».

[18] «¡Oh ladrón de corazones!, la fuerza de tu amor ha roto también nuestros corazones tan duros. Has inflamado el mundo entero de tu amor. ¡Oh sapientísimo Señor! Embriaga nuestros corazones con este vino, enciéndelos con este fuego, hiérelos con esta flecha de vuestro amor. Tu cruz es una ballesta que hiere los corazones. ¡Oh dulcísimo amor mío! ¿Qué has hecho? ¿Has venido para curarme y me has herido? ¿Has venido para enseñarme a vivir y me has vuelto loco? ¡Oh sapientísima locura! Que nunca viva sin ti, Señor, cuando miro la cruz, todo me invita a amarte: el madero, la figura, las heridas del cuerpo, y sobre todo tu amor que me invita a amarte y a no olvidarme nunca de ti».

[19] Pero para alcanzar el verdadero amor de Jesucristo es menester emplear los medios necesarios. Estos son los medios que enseña santo Tomás de Aquino:

1° Recordar continuamente los beneficios de Dios, tanto particulares como generales.

2º Considerar la infinita bondad de Dios, que a cada instante nos tiene presentes para colmarnos de favores, y, al mismo tiempo que nos está amando, reclama también en retorno nuestro amor.

3° Evitar con diligencia cuanto le desagradare, aun lo más mínimo.

4° Despegar el corazón de los bienes terrenos: riquezas, honores y placeres de los sentidos.

Otro modo muy excelente para alcanzar el perfecto amor a Jesucristo nos lo brinda el P. Taulero, y consiste en meditar su santa pasión.

[20] ¿Quién podrá negar que la pasión de Jesucristo es la devoción de las devociones, la más útil, más querida de Dios, la que más consuela a los pecadores y la que mejor inflama las almas amantes? Y ¿de dónde nos vienen tantos bienes sino de la pasión de Jesucristo? ¿Dónde se funda nuestra esperanza de perdón, la fortaleza contra las tentaciones y la confianza de alcanzar la salvación? ¿Dónde tienen su fuente tantas luces de verdad, tantas llamadas amorosas, tantos impulsos para cambiar de vida y tantos deseos de entregarnos a Dios, sino en la pasión de Jesucristo? Sobrada razón tenía, por tanto, el apóstol cuando lanzaba anatema contra quien no amase a Jesucristo: «Si alguno no ama al Señor, ¡sea anatema!» (1Cor 16,22).

[21] Dice san Buenaventura que no hay devoción más apta para santificar el alma que la meditación de la pasión de Jesucristo; por lo que nos aconseja que meditemos a diario en ella si deseamos adelantar en el divino amor. Y ya antes dijo san Agustín, según refiere Bernardino de Bustis, que más vale una lágrima derramada en memoria de la pasión que ayunar una semana a pan y agua. De ahí que los santos siempre estuviesen meditando los dolores de Jesucristo. San Francisco de Asís llegó de este modo a ser un serafín. Un caballero lo encontró un día gimiendo y gritando, y, preguntada la razón, respondió: «Lloro los dolores e ignominias de mi Señor, y lo que más me hace llorar es que los hombres no se recuerdan de quien tanto padeció por ellos». Y a continuación redobló las lágrimas, hasta el extremo de que el caballero prorrumpió también en sollozos. Cuando el santo oía balar a un corderillo o veía cualquier cosa que le renovara la memoria de los padecimientos de Cristo, enseguida le brotaban las lágrimas y suspiros. En una de sus enfermedades hubo quien le insinuó que si quería le leyesen algún libro devoto, y respondió: «Mi libro es Jesús crucificado», por lo que continuamente exhortaba a sus hermanos que pensaran siempre en la pasión de Jesucristo.

Tiépolo escribe: «Quien no se enamora de Dios contemplando a Jesús crucificado, no se enamorará jamás».

Afectos y plegarias

¡Oh Verbo Eterno!, treinta y tres años pasaste de sudores y fatigas, diste sangre y vida para salvar a los hombres, y, en suma, nada perdonaste para hacerte amar de ellos. ¿Cómo, pues, puede haber hombres que aun no te amen? ¡Dios mío!, que entre estos ingratos me encuentro yo. Confieso mi ingratitud, Dios mío; ten compasión de mí. Te ofrezco este ingrato corazón ya arrepentido. Sí, me arrepiento sobre todo otro mal, querido Redentor mío, de haberte despreciado. Me arrepiento y te amo con toda mi alma.

Alma mía, ama a un Dios sujeto como reo por ti, a un Dios flagelado como esclavo por ti, a un Dios hecho rey de burlas por ti, a un Dios, finalmente, muerto en cruz como malhechor por ti.

Sí, Salvador y Dios mío, te amo, te amo; recuérdame siempre cuanto por mí padeciste, para que nunca me olvide de amarte.

Cordeles que atasteis a Jesús, atadme también con Él; espinas que coronasteis a Jesús, heridme de amor a Él; clavos que clavasteis a Jesús, clavadme en la cruz con Él; para que con Él viva y muera.

Sangre de Jesús, embriágame a su santo amor; muerte de Jesús, hazme morir a todo afecto terreno; pies traspasados de mi Señor, a vos me abrazo para que me libréis del merecido infierno.

Jesús mío, en el infierno no te podré ya amar, yo quiero amarte siempre. Amado Salvador mío, sálvame, estréchame contra ti y no permitas que vuelva jamás a perderte.

¡Oh María, Madre de mi Salvador y refugio de pecadores!, ayuda a un pecador que quiere amar a Dios y a ti se encomienda: por el amor que tienes a Dios, socórreme.

Capítulo 2

Cuánto merece ser amado Jesucristo por el amor que nos manifestó al instituir el Santísimo Sacramento del altar

[1] «Sabiendo Jesús que había llegado la hora de pasar de este mundo al Padre, habiendo amado a los suyos, los amó hasta el extremo» (Jn 13,1). Sabiendo nuestro amantísimo Salvador que había llegado la hora de partir de esta tierra, antes de encaminarse a morir por nosotros, quiso dejarnos la mayor prenda que podía darnos de su amor, que fue precisamente este don del Santísimo Sacramento. Dice san Bernardino de Siena que las pruebas de amor que se dan en la muerte quedan más grabadas en la memoria y son las más apreciadas. De ahí que los amigos, al morir, acostumbren dejar a las personas queridas en vida un don cualquiera, un vestido, un anillo, en memoria de su afecto. Pero tú, Jesús mío, al partir de este mundo, ¿qué nos dejaste en prenda de tu amor? No ya un vestido ni un anillo, sino que nos dejaste tu cuerpo, tu sangre, tu alma, tu divinidad y a ti mismo sin reservarte nada. «Te ha dado todo, no se ha reservado nada», dice san Juan Crisóstomo.

[2] Según el concilio de Trento, en este don de la Eucaristía, Jesucristo quiso derramar todas las riquezas del amor que tenía reservadas para los hombres. Y observa el apóstol que Jesús quiso hacer este regalo a los hombres en la misma noche en que estos maquinaban su muerte. «El Señor Jesús, la noche en que fue entregado, tomó pan, y después de dar gracias, lo partió y dijo: "Esto es mi cuerpo que se entrega por vosotros". Así mismo la copa, después de cenar, diciendo: "Esta copa es la Nueva Alianza en mi sangre. Cuantas veces la bebáis, hacedlo en recuerdo mío"» (1Cor 11,23-25). Dice san Bernardino de Siena que Jesucristo, «ardiendo de amor a nosotros y no contento con aprestarse a dar su vida por nuestra salvación, se vio como forzado por el ímpetu del amor a ejecutar antes de morir la obra más estupenda, cual era darnos en alimento su cuerpo».

[3] Por eso santo Tomás llamaba a este sacramento: «sacramento de caridad, prenda de caridad. Sacramento de amor», porque solo el amor fue el que impulsó a Jesucristo a darse a nosotros en él; y «prenda de amor», porque si alguna vez dudáramos de su amor, halláramos de él una garantía en este sacramento. Como si hubiera dicho nuestro Redentor al dejarnos este don: «Si alguna vez dudáis de mi amor, he aquí que me entrego a vosotros en este sacramento; con tal prenda a vuestra disposición, ya no podréis tener duda de mi amor, y de mi amor extraordinario». San Bernardo llama a este sacramento «el amor de los amores», pues este don encierra todos los otros dones que el Señor nos

hizo: la creación, la redención, la predestinación a la gloria; porque como canta la Iglesia: «la Eucaristía no solo es prenda del amor que Jesucristo nos tiene, sino también prenda del paraíso que quiere darnos». Por eso san Felipe Neri no acertaba a llamar a Jesucristo en el Santísimo Sacramento sino con el nombre de Amor. Y cuando se le llevó el Viático exclamó: «He aquí mi amor, dadme mi amor».

[4] Quería el profeta Isaías que se anunciase a todos la amorosa creatividad de las maravillas de Dios para hacerse amar de los hombres. Pero ¿quién jamás se hubiera imaginado, si Dios no lo hubiera hecho, que el Verbo encarnado quedara bajo las especies de pan para hacerse alimento nuestro? Dice san Agustín: «¿No parece una locura decir: Comed mi carne y bebed mi sangre?». Cuando Jesucristo reveló a sus discípulos este sacramento que nos quería dejar, muchos se resistían a creerlo y se alejaron de él, diciendo: «¿Cómo puede este darnos a comer su carne?» (Jn 5,53). «Duro es este lenguaje. ¿Quién lo puede oír?» (Jn 6,61). Pero lo que los hombres no podían pensar ni creer, lo pensó y ejecutó el grande amor de Jesucristo. «Tomad y comed», dice a sus discípulos, y en ellos a todos nosotros, antes de ir a la muerte. Pero, ¡oh Salvador del mundo!, ¿cuál es el alimento que antes de morir nos quieres dar? «Tomad y comed, esto es mi cuerpo» (1Cor 9,24). No es este alimento terreno, sino que soy yo mismo quien me doy todo a vosotros.

[5] ¡Con cuánto deseo anhela Jesucristo venir a nuestra alma en la sagrada comunión! «He deseado ardientemente comer esta Pascua con vosotros» (Lc 22,24). Así fue como dijo en la noche de la institución de este Sacramento de amor. «He deseado ardientemente», así le hizo exclamar el amor inmenso que nos tenía, comenta san Lorenzo Justiniano. Y para que todos pudieran recibirlo fácilmente, quiso quedarse bajo la especie del pan. Si se hubiera ocultado bajo las apariencias de un alimento raro o de precio elevado, los pobres quedarían privados de él; pero no; Jesucristo quiso quedarse bajo las especies de pan, que está barato y todos lo pueden hallar, para que todos y en todos los países lo puedan hallar y recibir.

[6] Para que nos animemos a recibirle en la sagrada comunión, no solo nos exhorta a ello con repetidas invitaciones: «Venid a comer de mi pan y bebed del vino que he mezclado» (Prov 9,5). «Comed, amigos; bebed y embriagaos» (Cant 5,1), sino que también nos lo impone como precepto: «Tomad y comed, esto es mi cuerpo» (1Cor 9,24). Y para que vayamos a recibirle, nos alienta con la promesa del paraíso: «El que come mi carne y bebe mi sangre, tiene vida eterna» (Jn 6,55). «El que come este pan vivirá para siempre» (Jn 6,59). Es más, a quien no comulgue, le amenaza con excluirlo del paraíso: «Si no coméis la carne del Hijo del hombre, no tendréis vida en vosotros» (Jn 6,54). Estas invitaciones, estas promesas y estas amenazas nacen todas del gran deseo que tiene de unirse a nosotros en este sacramento.

[7] Pero ¿por qué desea tanto Jesucristo que le recibamos en la sagrada comunión? He aquí la razón. Dice san Dionisio que el amor aspira siempre y tiende a la unión. Y santo Tomás: «los amigos que se aman de corazón quisieran estar de tal modo unidos que no formaran más que uno solo». Esto es lo que ha hecho el inmenso amor de Dios hacia los hombres, que no esperó a dársele por completo en el reino de los cielos, sino que aun en esta tierra se dejó poseer por los hombres con la más íntima posesión que se pueda imaginar, ocultándose bajo apariencias de pan en el Santísimo Sacramento. Allí está como detrás de un muro y desde allí nos mira como a través de celosías: «Vedle, ya se para detrás de nuestra cerca, mira por las ventanas, atisba por las rejas» (Cant 2,9). Aun cuando nosotros no lo veamos, Él nos mira desde allí y allí se halla realmente presente, para permitir que le poseamos, si bien se oculta para que le deseemos. Y hasta que no lleguemos a la patria celestial, Jesús quiere de este modo entregarse completamente a nosotros y vivir así unido a nosotros.

[8] No bastó a su amor el haberse dado por completo al género humano en su encarnación y en su pasión, muriendo por todos los hombres, sino que quiso encontrar el modo de darse todo a cada uno de nosotros, para lo que instituyó el Sacramento del altar, a fin de unirse a cada uno de nosotros, como él mismo dijo: «El que come mi carne y bebe mi sangre, en mí permanece y yo en él» (Jn 6,57). En la sagrada comunión, Jesús se une al alma y el alma a Jesús; y esta unión no es meramente

afectiva, sino real y verdadera. Por eso, decía san Francisco de Sales: «En ninguna obra puede considerarse al Salvador ni más tierno ni más amoroso que en esta, en la que se aniquiló, por decirlo así, y se redujo a alimento para penetrar nuestras almas y unirse enteramente al corazón y hasta al cuerpo de sus fieles». Dice san Juan Crisóstomo que Jesucristo, por el ardiente amor que nos confesaba, quiso unirse de tal manera a nosotros, que no fuéramos más que una sola y misma cosa.

[9] Hablando san Lorenzo Justiniano con Jesús, le dice: «¡Oh Dios enamorado de nuestras almas!, por medio de este Sacramento dispusiste que tu corazón y el nuestro fueran un solo corazón inseparablemente unido». Y san Bernardino de Siena añade que «el darse Jesucristo en alimento fue el último grado del amor, porque unión más cabal y completa no puede darse cual la que hay entre el manjar y quien lo come». ¡Cuánto se complace Jesucristo en estar unido con nuestra alma! Él mismo lo dijo cierto día, después de la sagrada comunión, a su querida sierva Margarita de Iprés: «Mira, hija mía, la hermosa unión que entre nosotros existe; ámame, en adelante permanezcamos siempre unidos en el amor y no nos separemos ya más».

[10] Siendo esto así, habíamos de confesar que el alma no puede hacer ni pensar cosa más agradable a Jesucristo que hospedar en su corazón, con las disposiciones convenientes, a huésped de tanta majestad, porque de esta manera se une a Jesucristo, que esto es lo que desea tan enamorado Señor.

He dicho *con las disposiciones convenientes,* no «con las más dignas», porque si fuera necesario las más dignas, ¿quién podría comulgar? Solo Dios podría recibir a Dios. Digo *dignas* en el sentido en que convienen a la mísera criatura vestida de la pobre carne de Adán. Ordinariamente hablando, basta que el alma se halle en gracia de Dios y con vivo deseo de aumentar en ella el amor a Jesucristo. «Solo por amor se ha de recibir a Jesucristo en la sagrada comunión, ya que solo por amor se entrega Él a nosotros», dice san Francisco de Sales. Por lo demás, con qué frecuencia haya de comulgar cada uno, negocio es este que debe resolverse según el prudente dictamen del director espiritual. Sépase, con todo, que ningún estado o empleo, ni aun el de casado o comerciante, es obstáculo a la comunión frecuente cuando el director la juzga oportuna, como declaró el pontífice Inocencio XI en su decreto del año 1679, en que dice: «La comunión más o menos frecuente queda al juicio del confesor, quien indicará a los casados y a los hombres de negocios lo que sea más conveniente».

[11] Entiéndase bien esto: nada aprovecha tanto como la sagrada comunión. El Padre puso en manos de Jesucristo todas sus divinas riquezas (Jn 13,3). Por ello cuando Jesús baja al alma en la comunión, lleva consigo inmensos tesoros de gracia, por lo que todo el que comulga puede decir verdaderamente: «Con ella me vinieron, a la vez, todos los bienes» (Sab 7,11). Dice san Dionisio que el sacramento de la Eucaristía tiene, más que los restantes medios espirituales, suma virtud santifica-

dora de las almas. Y san Vicente Ferrer escribió que más aprovecha el alma con una sola comunión que con una semana de ayuno a pan y agua.

[12] Primeramente, como enseña el concilio de Trento, la comunión es el gran remedio que nos libra de los pecados veniales y nos preserva de los mortales. Se dice que nos libra de los pecados veniales, porque, según santo Tomás, este sacramento inclina al hombre a hacer actos de amor, con los que se borran los pecados veniales. Y se dice que la comunión nos preserva de los pecados mortales porque aumenta la gracia, que nos preserva de las culpas graves. Por esta razón escribía Inocencio III que «si Jesucristo nos libró con su pasión de la esclavitud del pecado, con la Eucaristía nos libra de la voluntad de pecar».

[13] Además, este Sacramento inflama principalmente a las almas en el amor divino. «Dios es amor» (Jn 4,8). Y es fuego que consume en nuestros corazones todo afecto terreno: «Porque el Señor, tu Dios, es un fuego devorador, es un Dios celoso» (Dt 4,24). Jesucristo vino a la tierra a encender este fuego de amor, y no quería otra cosa más que verlo prender en nuestras almas. «He venido a prender un fuego sobre la tierra y ¡cuánto desearía que ya estuviera encendido!» (Lc 12,49). ¡Y qué llamas de divino amor enciende Jesucristo en cuantos le reciben devotamente en este Sacramento! Santa Catalina de Siena vio cierto día en manos de un sacerdote a Jesucristo en forma de globo de fuego, y quedó admirada la santa al ver

cómo aquellas llamas no inflamaban y consumían en amor todos los corazones de los hombres. Santa Rosa de Lima, después de comulgar, despedía tales rayos del rostro, que deslumbraban la vista, y desprendía tal calor de su boca que abrasaba la mano de quien se la acercaba. Se cuenta de san Wenceslao que con solo visitar en la iglesia al Santísimo Sacramento se inflamaba tanto en santo ardor, que el paje que le acompañaba, caminando sobre la nieve, no sentía los rigores del frío. Y según san Juan Crisóstomo, «la Eucaristía es una hoguera que de tal modo inflama a los que a ella se acercan, que como leones que echan fuego por la boca debemos levantarnos de aquella mesa, hechos fuertes y terribles contra los demonios».

[14] Decía la esposa de los Cantares: «Me introdujo en su bodega y ordenó en mí la caridad» (Cant 2,4). Escribe san Gregorio Niseno que, precisamente, la comunión es la bodega, donde el alma de tal modo queda embriagada de amor divino, que la hace como enloquecer y perder de vista todas las cosas criadas. Esto significa aquel languidecer de amor del que a continuación nos habla la esposa: «Reanimadme con manzanas, porque estoy enferma de amor» (Cant 2,5). Habrá quien diga: Por eso, precisamente, no comulgo más a menudo, porque me veo frío en el amor; y a este tal le responde Gersón diciendo: «Y ¿porque te ves frío quieres alejarte del fuego?». Justo porque sientes helado tu corazón debes acercarte más a menudo a este Sacramento, siempre que alimentes sincero deseo de amar a Jesucristo. Dice san Buenaventura:

«Acércate a la comunión aun cuando te sientas tibio, fiándolo todo a la misericordia divina, porque cuanto más enfermo se halla uno, tanta mayor necesidad tiene del médico». Algo similar decía san Francisco de Sales en su *Filotea:* «Dos clases de personas tienen que comulgar con frecuencia: los perfectos, por hallarse bien dispuestos, y los imperfectos, para llegar a la perfección». Pero no hay que olvidar que para comulgar frecuentemente se necesita tener grandes deseos de santificarse y crecer en el amor a Jesucristo. El Señor dijo en cierta ocasión a santa Matilde: «Cuando te acerques a comulgar, desea tener en tu corazón todo el amor que se puede encerrar en él, que yo te lo recibiré como tú quisieras que fuese».

Afectos y plegarias

Dios de amor y amante infinito, digno de infinito amor, dime: ¿qué más pudiste inventar para hacerte amar de nosotros? No te bastó hacerte hombre y sujetarte a nuestras miserias; no te bastó derramar por todos nosotros la sangre a fuerza de tormentos y después morir consumado de dolores en el patíbulo destinado a los reos más infames. Acabastes por ocultarte bajo las especies de pan para hacerte nuestro alimento y así unirte por completo con cada uno de nosotros. Dime, te pregunto nuevamente: ¿qué más pudiste inventar para conquistar mi amor? ¡Desdichados si no te amáramos en esta vida, porque, al entrar en la eternidad, cuáles no serían nuestros remordimientos!

Jesús mío, no quiero morir sin amarte, y sin amarte con todas mis fuerzas.

Siento dolor por haberte causado tanta pena; me arrepiento de ello y quisiera morir de puro dolor.

Ahora te amo sobre todas las cosas, te amo más que a mí mismo y te consagro todos los afectos de mi corazón. Tú que me inspiras este deseo, dame fortaleza para llevarlo a la práctica.

Jesús mío, Jesús mío, no quiero de ti otra cosa sino a ti; ya que me has atraído a tu amor, todo lo dejo y renuncio a todo para unirme a ti, pues tú solo me bastas.

María, Madre de Dios, ruega a Jesús por mí y hazme santo; tú que a tantos trocastes de pecadores en santos, renueva otra vez este prodigio con tu siervo.

Capítulo 3

De la gran confianza que debemos tener en el amor que nos ha manifestado Jesucristo, y en todo lo que ha hecho por nosotros

[1] David depositaba toda su confianza en el futuro Redentor y decía: «En tus manos encomiendo mi espíritu; tú Señor me rescatas» (Sal 31,6). Mucho más debemos poner toda nuestra confianza en Jesucristo, después de que ha venido al mundo y ha realizado la obra de la redención. Por eso con mayor confianza debe repetir cada uno de nosotros: «En tus manos encomiendo mi espíritu, porque me has redimido, Dios verdadero».

[2] Si tenemos sobrados motivos para temer la muerte eterna, merecida por las ofensas cometidas contra Dios, mayores y más fuertes razones tenemos para esperar la vida eterna, apoyados en los méritos de Jesucristo, que son de valor infinito y más poderosos para salvarnos de lo que lo fueron nuestros pecados para perdernos. Habíamos pecado y merecido el infierno, pero el Redentor vino a cargar con todas nuestras culpas y las expió con sus padecimientos: «Eran nuestras dolencias las que él llevaba y nuestros dolores los que soportaba» (Is 53,4).

[3] En el mismo punto infeliz en que pecamos, lanzó Dios contra nosotros sentencia de condenación eterna, y ¿qué hizo el compasivo Redentor?: «Canceló la nota de cargo que había contra nosotros, la de las prescripciones con sus cláusulas desfavorables, y las suprimió clavándola en la cruz» (Col 2,14). Borró con su sangre el decreto de nuestra condenación y lo fijó en la cruz, para que, al levantar la vista para mirar la sentencia condenatoria, viésemos a la par la cruz donde Jesús moribundo lo enclavó y borró con su sangre, y así renaciera la esperanza de perdón y de salvación eterna.

[4] ¡Cuánto mejor habla en favor nuestro y nos alcanza divina misericordia la sangre de Jesucristo que hablaba contra Caín la sangre de Abel! «Vosotros en cambio os habéis acercado... a Jesús, mediador de una nueva Alianza, y a la aspersión purificadora de la sangre que habla mejor que la de Abel» (Heb 12,22-24). Como dice el apóstol: Pecadores, felices de vosotros, que después de pecar acudís a Jesús crucificado, que derramó toda su sangre para ponerse como mediador de paz entre Dios y los pecadores y recabar de Él vuestro perdón. Si contra vosotros claman vuestras iniquidades, a favor vuestro clama la sangre del Redentor, y la divina justicia no puede menos de aplacarse a la voz de esta sangre.

[5] Es verdad que de todas nuestras culpas habemos de rendir estrecha cuenta al eterno Juez. Pero ¿quién será este nuestro juez? «Porque el Padre

no juzga a nadie sino que todo el juicio lo ha entregado al Hijo» (Jn 5,22). Consolémonos, pues el Eterno Padre puso nuestra causa en manos de nuestro mismo Redentor. Por eso san Pablo nos anima con estas palabras: «¿Quién condenará?, ¿acaso Jesucristo el que murió; más aún, el que resucitó, el que está a la diestra de Dios y que intercede por nosotros?» (Rom 8,34). ¿Quién es el juez que nos ha de condenar? El mismo Salvador, que, para no condenarnos a muerte eterna, quiso condenarse a sí mismo, y, en consecuencia, murió, y; no contento con ello, ahora en el cielo prosigue cerca del Padre siendo mediador de nuestra salvación. Santo Tomás de Villanueva dice al pecador: «¿Qué temes, pecador? ¿Por qué desconfías? ¿Cómo te condenarás? ¿Cómo rechazará a quien a Él vuelve el que bajó del cielo para buscarte?».

[6] Si por razón de nuestra debilidad tememos sucumbir a los asaltos de nuestros enemigos, contra los cuales es menester combatir, he aquí, según dice el apóstol, lo que tenemos que hacer: «También nosotros... sacudiendo todo lastre y el pecado que nos asedia, corramos con fortaleza la prueba que se nos propone, fijos los ojos en Jesús, el que inicia y consuma la fe, el cual, en lugar del gozo que se le proponía, soportó la cruz sin miedo a la ignominia, y está sentado a la diestra del trono de Dios» (Rom 12,1-2). Corramos, pues, con ánimo esforzado a la pelea, mirando a Jesús crucificado, que desde la cruz nos brinda con su auxilio y nos promete la victoria y la corona. Si en lo pasado caímos, fue por no haber mirado las llagas y las ignominias que

nuestro Redentor padeció y por no haberle pedido su ayuda. En cuanto a lo porvenir, no dejemos de tener ante la vista cuanto por nosotros padeció y cuán presto se halla a socorrernos desde el punto que acudamos a Él, y así a buen seguro que saldremos triunfantes de nuestros enemigos. Santa Teresa decía con su corazón tan generoso: «Yo deseo servir a este Señor... No entiendo estos miedos: ¡Demonio!, ¡demonio!, adonde podemos decir: ¡Dios!, ¡Dios!, y hacerle temblar». Por el contrario, decía la santa que, si no ponemos en Dios toda nuestra confianza, de poco o ningún provecho será toda nuestra diligencia: «buscaba remedio, hacía diligencias; mas no debía entender que todo aprovecha poco si, quitada de todo punto la confianza de nosotros, no la ponemos en Dios».

[7] Grandes misterios de confianza y amor son para nosotros la pasión de Jesucristo y el Santísimo Sacramento del Altar. Misterios que fueran increíbles si la fe no nos certificara de ellos. ¡Un Dios omnipotente querer hacerse hombre, derramar toda su sangre y morir de dolor sobre un patíbulo!, y ¿para qué? Para pagar por nuestros pecados y salvar así a los rebeldes gusanillos. Además, su mismo cuerpo, sacrificado en la cruz, quiere darse en alimento para unirse totalmente con nosotros. Señor mío, tales misterios debieran inflamar en amor todos los corazones de los hombres. ¿Qué pecador, por perdido que se crea, podrá desesperar del perdón si se arrepiente del mal hecho, viendo a un Dios tan enamorado de los hombres e inclinado a dispensarles toda suerte de bienes? Esto inspiraba

tanta confianza a san Buenaventura que decía estas palabras: «¿Cómo podrá negarme las gracias necesarias a la salvación aquel que tanto hizo y sufrió por salvarme?».

[8] «Acerquémonos, por tanto, confiadamente al trono de la gracia, a fin de alcanzar misericordia y hallar gracia para ser socorridos en el tiempo oportuno» (Heb 4,16). El trono de la gracia es la cruz desde donde Jesucristo dispensa gracia y misericordia a quienes a él se encomiendan. Pero es necesario que acudamos pronto para encontrar la ayuda oportuna para salvarnos, porque después, tal vez, ya no haya tiempo. Apresurémonos a abrazarnos con la cruz de Jesucristo, impulsados por la más firme esperanza y sin desalentarnos por nuestra flaqueza. En Jesús crucificado encontraremos toda riqueza y toda gracia. «Pues en él habéis sido enriquecidos en todo, en toda palabra y en todo conocimiento... Así que ya no os falta ningún don de gracia a los que esperáis la Revelación de nuestro Señor Jesucristo» (1Cor 1,5-7). Los méritos de Jesucristo nos han enriquecido con todos los tesoros divinos, y nos han capacitado para obtener todas las gracias que deseemos.

[9] Dice san León que Jesucristo, con su muerte, nos acarreó mayores bienes que males nos acarreara el demonio con el pecado. Así reafirma lo que antes dijo san Pablo: «Con el don no sucede como con el delito... Si por el delito de uno solo reinó la muerte, ¡con cuánta más razón los que reciben en abundancia la gracia y el don de la justicia, rei-

narán en la vida por uno solo, Jesucristo!» (Rom 5,15.17). Por eso nos animó el Salvador a esperar toda suerte de favores y gracias, fiados en sus merecimientos, enseñándonos, además, él mismo la fórmula que habíamos de emplear para alcanzar cuanto quisiéramos de su Padre: «En verdad, en verdad os digo: lo que pidáis al Padre en mi nombre os lo dará» (Jn 16,23). Pedid, dice, cuanto deseéis, pero pedidlo al Padre en mi nombre, y os prometo que seréis oídos. En efecto, ¿cómo podría el Padre negarnos gracia alguna después de habernos dado a su propio Hijo, a quien ama como a sí mismo? «El que no perdonó ni a su propio Hijo, antes bien lo entregó por todos nosotros ¿cómo no nos dará con él graciosamente todas las cosas?» (Rom 8,32). Dice el apóstol «todas las cosas», por lo que no exceptúa ninguna gracia, ni el perdón, ni la perseverancia, ni el santo amor, ni la perfección, ni el paraíso; *todo, todo nos lo ha dado.* Pero es menester pedirlo, que Dios es generosísimo con quien le ruega: «Uno mismo es el Señor de todos, rico para todos los que le invocan. Pues todo el que invoque el nombre del Señor se salvará» (Rom 10,12-13).

[10] Quiero terminar con la transcripción de muchos y bellísimos sentimientos, sacados de las cartas del venerable Juan de Ávila, que hablan de la gran confianza que debemos tener en los méritos de Jesucristo.

[11] «No os olvidéis que entre el Padre y nosotros está de por medio Jesucristo, el cual nos ama y nos ha abrazado con tan fuertes lazos de amor que nada

los puede soltar, si el mismo hombre no los corta con alguna culpa mortal. La sangre de Jesús grita pidiendo piedad para nosotros, y grita de modo que el ruido de nuestros pecados no se puede oír. La muerte de Jesucristo ha matado nuestras culpas: «Oh muerte, seré tu muerte» (Os 13,1). Los que se pierden, no se pierden por falta de satisfacción, sino porque no se quieren aprovechar, por medio de los sacramentos, de la satisfacción hecha por Jesucristo».

[12] «Nuestro asunto Cristo lo tomó como si fuera propio; por lo que, aunque no haya cometido pecados, los ha llamado suyos y ha pedido perdón por ellos; y con amor entrañable ha orado, como si rogase por sí mismo, para que todos los que se acercan a él fueran amados por Dios. Y como lo ha pedido lo ha conseguido. Porque, como ha dispuesto Dios, somos tan uno él y nosotros, que o hemos de ser él y nosotros amados, o él y nosotros aborrecidos; y pues él no es ni puede ser aborrecido, tampoco nosotros si estamos incorporados en él con la fe y el amor. Antes, por ser él amado, lo somos nosotros, y con justa causa; pues que más pesa él para que nosotros seamos amados que nosotros pesamos para que sea él aborrecido; y más ama el Padre a su Hijo que aborrece a los pecadores que se convierten a él».

[13] «Jesús dice al Padre: "Padre, quiero que también estos que me has dado, estén conmigo donde esté yo" (Jn 17,24). Venció el mayor amor al odio menor, y así hemos sido perdonados y amados, se-

guros de no haber sido jamás abandonados donde existe un nudo tan fuerte de amor. Dice el Señor por Isaías: "¿Acaso olvida una madre a su niño de pecho, sin compadecerse del hijo de sus entrañas?, pues aunque ella llegase a olvidar, yo no te olvido. Míralo, que en las palmas de las manos te tengo tatuada" (Is 49,15-16). Él nos ha escrito en sus manos con su propia sangre. Por tanto no debemos turbarnos por nada, pues todo viene dispuesto por aquellas manos que han sido clavadas a la cruz en testimonio del amor que nos tiene».

[14] «Nada puede aterrorizarnos, cuando Jesucristo nos puede asegurar. Que me rodeen incluso los pecados cometidos, que me acosen los temores del futuro, que los demonios me tiendan lazos; que con suplicar misericordia a Jesucristo, tan benigno, que me ha amado hasta la muerte, yo no puedo desconfiar mientras veo a un Dios que se ha entregado por mí. Jesús mío, puerto seguro para los que, acosados de las ondas tempestuosas de su corazón, huyen de ti. Pastor vigilante, se engaña quien no se fía de ti con tal de que quiera enmendarse. Por eso dices: Yo soy, no temáis; yo soy el que dispone la tribulación y doy el consuelo. Tal vez alguno se encuentra en tan gran tribulación que le parece un infierno, pero aun en esa situación no los olvido y los ayudo. Yo soy vuestro abogado que ha tomado vuestra causa como propia. Yo soy vuestro valedor que ha venido a pagar vuestras deudas. Yo soy vuestro Señor, que con mi sangre os he rescatado, no para abandonaros después, sino para enriqueceros habiendo pagado un gran precio. ¿Cómo os negaré a los que

me buscáis para honrarme, pues salí al camino a los que me buscaban para maltratarme? No volví la cara a quien me la golpeaba, ¿y apartaré mi rostro de quien me busca para adorarme? ¿Cómo pueden mis hijos dudar de que los amo, viéndome en manos de mis enemigos por su amor? ¿Cuándo abandonaré a quien ha buscado mi ayuda, si yo ando buscando incluso aun al que no me quiere?».

[15] «Si crees que el Padre te dio a su Hijo, ten también por seguro que te dará lo demás, pues es infinitamente menos que el Hijo. No pienses que Jesucristo se haya olvidado de ti, pues en memoria de su amor te dio la mayor prenda que tenía, que no es otra que Él mismo en el Sacramento del Altar».

Afectos y plegarias

¡Oh Jesús mío, amor mío, qué firme esperanza me infunde tu pasión! ¿Cómo puedo temer no alcanzar el perdón de mis pecados, el paraíso y todas las gracias, que me son necesarias, si considero que eres el Dios omnipotente que me dio toda su sangre?

Jesús mío, mi esperanza y mi amor, tú, para que yo no me perdiera, quisiste perder tu vida. Te amo sobre todo otro bien, Dios y Redentor mío. Te diste por completo a mí, y en retorno yo te doy mi voluntad, con la que repito: te amo, te amo y quiero siempre repetir que te amo, te amo, y así quiero exclamar en la vida presente, y así quiero morir, exhalando hasta mi último suspiro esta hermosa palabra: te amo, Dios mío, te amo, y con ella quiero empezar el amor eterno, que durará para siempre, sin dejar ya de amarte por toda la eternidad.

Te amo, y porque te amo, me arrepiento sobre todo otro mal de haberte disgustado. ¡Desgraciado de mí, que por no perder una breve satisfacción preferí perderte a ti, bien infinito! Esta pena me atormenta sobre todas las demás, pero me consuela pensar que, siendo tú bondad infinita, no rehusarás recibir un corazón que te ama. ¡Ojalá pudiera morir por ti, que por mí quisiste morir!

Amado Redentor mío, en ti tengo cifrada la esperanza de alcanzar mi eterna salvación y la santa perseverancia en tu amor en esta vida presente. Tú, por los merecimientos de tu muerte, dame la perseverancia en la oración.

Esto es lo que también te pido y espero de ti, Reina mía, María.

Capítulo 4

Cuán obligados estamos a amar a Jesucristo

[1] Jesucristo, por ser Dios, merece de por sí todo nuestro amor; pero él, con el amor que nos ha manifestado, ha querido ponernos en la estrecha necesidad de amarlo, siquiera en agradecimiento a cuanto hizo y padeció por nosotros. Nos amó sobremanera para ganarse todo nuestro amor. Escribe san Bernardo: «¿Para qué ama Dios sino para ser amado?». Y ya antes lo había dicho Moisés: «Y ahora Israel, ¿qué te pide Yavé, tu Dios, sino que temas al Señor, tu Dios, con todo tu corazón, con toda tu alma, que guardes los mandamientos del Señor y sus preceptos que yo te prescribo hoy para que seas feliz?» (Dt 10,12). Por eso nos dio este primer mandamiento: «Amarás al Señor, tu Dios, con todo tu corazón» (Dt 6,5).

[2] San Pablo afirma que el amor es la plenitud de la ley: «El cumplimiento de la ley es el amor» (Rom 13,10). Y ¿quién, al ver a un Dios crucificado por su amor, podría resistirse a amarlo? Bien alto claman las espinas, los clavos, la cruz, las llagas y la sangre, pidiendo que amemos a quien tanto nos amó. Es poca cosa un corazón para amar a un Dios tan enamorado de nosotros, ya que para com-

pensar el amor de Jesucristo se necesitaría que un Dios muriese por su amor. Exclama san Francisco de Sales: «¿Por qué no nos arrojamos sobre Jesús crucificado, para morir enclavados con quien allí quiso morir por nuestro amor?». El apóstol nos declara positivamente que Jesucristo vino a morir por todos, para que no vivamos ya para nosotros, sino para aquel Dios que murió por nosotros: «Y murió por todos, para que ya no vivan para sí los que viven, sino para aquel que murió y resucitó por ellos» (2Cor 5,15).

[3] Aquí viene bien la recomendación del Eclesiástico: «No olvides los favores de quien te dio fianza, pues que ha dado por ti su alma» (Si 29,15). No te olvides de tu fiador, que en satisfacción de tus pecados quiso pagar con su muerte la pena por ti debida. ¡Cuánto agrada a Jesucristo nuestro recuerdo frecuente de su pasión y cuánto siente que lo echemos en olvido! Si uno hubiera padecido por su amigo injurias, golpes y cárceles, ¡qué pena le embargaría al saber que el favorecido no hace nada por recordar tales padecimientos, de los que ni siquiera quiere oír hablar! Y, al contrario, ¡cuál no sería su gozo al saber que el amigo habla a menudo de ello y siempre con ternura y agradecimiento! De igual modo se complace Jesucristo con que nosotros evoquemos con agradecimiento y amor los dolores y la muerte que por nosotros padeció.

Jesucristo fue el deseado de los patriarcas y profetas y de los pueblos que existían cuando aun no se había encarnado. Pues ¡cuánto más le debemos nosotros desear y amar, ya que le vemos entre

nosotros y sabemos cuánto hizo y padeció para salvarnos, hasta morir crucificado por nuestro amor!

[4] Con este fin instituyó el sacramento de la Eucaristía la víspera de su muerte, recomendándonos
que, cuantas veces comiéramos su carne, hiciése-
mos memoria de su muerte: «Este es mi cuerpo,
que se da por vosotros, haced esto en memoria
mía... Cada vez que comáis este pan recordaréis
la muerte del Señor» (1Cor 11,24-26). Con razón
ruega la santa Iglesia: «¡Oh Dios, que bajo este
admirable sacramento nos dejaste el memorial de
tu pasión»; y en otro lugar añade: «¡Oh sagrado
banquete, en el cual se recibe a Cristo y se renueva
la memoria de su pasión!». Por aquí podemos entender cuánto agradece Jesucristo a cuantos, con
frecuencia, recuerdan su pasión, ya que, si mora
con nosotros en el Sacramento del Altar, es para
que de continuo renovemos con alegría el recuerdo
de todo lo que por nosotros padeció y crezca de
esta manera nuestro amor para con Él. San Francisco de Sales llamaba al Calvario «el monte de los
amantes». No es posible recordarse de aquel monte
y dejar de amar a Jesucristo, que quiso en él morir
por nuestro amor.

[5] ¡Oh Dios!, y ¿por qué no aman los hombres a
este Dios que tanto hizo para ser de ellos amado?
Antes de la encarnación del Verbo pudiera haber
el hombre dudado si Dios le amaba con verdadero
amor, pero ¿cómo podrá dudar ahora, que lo ve
nacido y muerto por amor a los hombres? «Hombre –dice santo Tomás de Villanueva–, mira la cruz,

los clavos y la acerba muerte que sufrió Jesucristo por ti y, después de tales y tantos testimonios de su amor, no dudes de que te ama, y de que te ama con extraordinario amor». Y san Bernardo dice que clama la cruz y dan voces las llagas del Redentor para darnos a entender el amor que nos tiene.

[6] En este gran misterio de la redención de los hombres es necesario ponderar la intención y la urgencia de Jesucristo en encontrar tan varias maneras para hacerse amar de nosotros. Si quería morir por salvarnos, le sobraba con creces haber sido envuelto en la general matanza que decretó Herodes contra los Inocentes; pero no, antes de morir quiso llevar durante treinta y tres años una vida llena de penas y trabajos, queriendo en el transcurso de ella, y para cautivarse nuestro amor manifestársenos en muchas y variadas formas. Primero le vimos nacer como pobre niño en una gruta, después le vimos jovencillo en un taller, y, finalmente, le vimos como reo en una cruz. Pero aun antes de morir en ella quiso pasar por circunstancias conmovedoras, y todo por nuestro amor. Se ofreció a nuestra vista en el huerto de Getsemaní agonizante y bañado en sudor de sangre; a continuación, azotado en el pretorio de Pilato; más tarde, tratado como rey de teatro, con la caña burlesca en la mano, el jirón de púrpura sobre el hombro y la corona de espinas en la cabeza; arrastrado, finalmente, por las calles, con la cruz al hombro, y suspendido en el Calvario de tres garfios de hierro. ¿Merece o no merece ser amado por nosotros un Dios que para conquistar nuestro amor quiso pasar por tantos trabajos?

Decía el P. Juan Rigoleu: «De buena gana pasaría
llorando toda mi vida por un Dios que por amor
de todos los hombres quiso sufrir muerte de cruz».

[7] «Gran cosa es el amor», dice san Bernardo;
gran cosa y muy preciosa. Hablando Salomón de la
divina sabiduría, que no es otra cosa que la caridad,
la llamó tesoro infinito, porque el que posee la caridad goza de la amistad de Dios: «Con sencillez la
aprendí y sin envidia la comunico: porque es para
los hombres un tesoro inagotable y los que la adquieren se granjean la amistad de Dios» (Sab 7,14).
El angélico santo Tomás dice que la caridad no solo
es la reina de las virtudes sino que donde ella reina
trae consigo el cortejo de las demás y las endereza
todas a unir al hombre con Dios. Pero el oficio
propio de la caridad es unir al hombre con Dios y
quienes le aman, como dice san Bernardo. Muchas
veces declara la Escritura que Dios ama a quien le
ama: «Yo amo a los que me aman» (Prov 8,17). «Si
alguno me ama, mi Padre lo amará y vendremos a
él y haremos morada en él» (Jn 14,23). «El que permanece en el amor, en Dios permanece, y Dios en
él» (Jn 4,16). Esa es la hermosísima comunión que
obra la caridad: unir el alma con Dios. Además, el
amor da fuerzas para realizar y sufrir lo que sea por
Dios. «Porque fuerte es el amor como la muerte»
(Cant 8,6). San Agustín dice: «Nada hay tan duro
que con el fuego del amor no se ablande». No hay
cosa, por difícil que se la suponga, que no sea vencida por el fervor de la caridad, porque, como añade el santo, en aquello que se ama, o no se siente
el trabajo, o el mismo trabajo se ama.

[8] Oigamos lo que dice san Juan Crisóstomo respecto del amor divino cuando se apodera del alma: «Cuando el amor de Dios se apodera del alma, engendra en ella insaciable deseo de trabajar por el amado, de tal manera que, por muchas y grandes obras que haga y por mucho tiempo que emplee en su servicio, todo le parece nada y anda siempre gimiendo y suspirando de hacer tan poco por Dios; y si en su mano estuviera dar la vida por él, aun no tendría cumplido gozo. De donde resulta que siempre se considera inútil en cuanto obra, porque el amor, enseñándole, por una parte, cuánto merece Dios, le declara por otra, con clarísima luz, cuán defectuosas son sus obras, todo lo cual es para ella confusión y quebranto, al conocer la bajeza y poco valer de sus acciones ante la majestad de Señor tan poderoso».

[9] Dice san Francisco de Sales que se engaña el que pone la santidad en algo distinto a amar a Dios. «Algunos –escribe el santo– cifran la perfección en la austeridad de la vida, otros en la oración, quiénes en la frecuencia de sacramentos y quiénes en el reparto de limosnas; pero todos se engañan, porque la perfección estriba en amar a Dios de todo corazón, pues las restantes virtudes, sin caridad, son solamente montón de escombros. Y si en este santo amor no somos perfectos, culpa nuestra es, pues no acabamos de entregarnos por completo a Dios».

[10] Dijo un día el Señor a santa Teresa: «Algo que no me agrade a mí es vanidad». ¡Ojalá que todos entendieran esta verdad! «Solo una cosa es necesaria» (Lc 10,42). No es necesario ser rico en la tierra, ni granjearse la estima de los demás, ni llevar vida regalada, ni escalar las dignidades, ni ganar reputación de sabio; una sola cosa es necesaria: amar a Dios y cumplir su voluntad. Para este único fin nos creó y conserva la vida, y solamente por este camino llegaremos un día a conquistar el paraíso. «Ponme como sello sobre tu corazón, como sello sobre tu brazo» (Cant 8,6). Así dice el Señor a todas las almas, esposas suyas, que le pongan en su corazón como sello y como señal en su brazo, para que a Él vayan dirigidas todas las acciones y deseos; dice que le pongan sobre el corazón, para que no entre en él más amor que el suyo, y que le pongan sobre su brazo, para que en cuanto hagan no se propongan otro fin que agradarle. Y ¡cómo corren a pasos agigantados por el camino de la perfección los que en todas sus obras no pierden de vista a Jesús crucificado ni tienen más finalidad que hacer su beneplácito!

[11] Este ha de ser todo nuestro afán, alcanzar el verdadero amor a Jesucristo.

Los maestros de la vida espiritual nos describen los caracteres del verdadero amor.

El amor, dicen, es *temeroso*, porque lo único que teme es desagradar a Dios.

Es *generoso*, porque, puesta su confianza en Dios, lánzase a empresas a mayor gloria de Dios.

Es *fuerte*, porque vence los desordenados apetitos y aun en medio de las más violentas tentaciones sale siempre triunfador.

Es *obediente,* porque a la menor inspiración inclínase a cumplir la divina inspiración.

Es *puro,* porque solo tiene a Dios por objeto y
ámale porque merece ser amado.

Es *ardiente,* porque quisiera encender en todos
los corazones el fuego del amor y verlos abrasados
en divina caridad.

Es *embriagador,* porque hace andar al alma fuera
de sí, como si no viera ni sintiera, ni tuviera sentidos para las cosas terrenas, pensando solo en amar
a Dios.

Es *unitivo,* porque logra unir con apretado lazo
de amor la voluntad de la criatura con la del Creador.

Es *suspirante,* porque vive el alma llena de deseos de abandonar este destierro para volar a unirse
perfectamente con Dios en la patria bienaventurada, para allí amarle con todas sus fuerzas.

[12] Pero nadie mejor que san Pablo, el gran predicador de la caridad, nos declara cuáles sean sus
caracteres y en qué consiste su práctica. En su primera Carta a los corintios, en el capítulo 13, afirma
que, sin la caridad, de nada vale el hombre ni nada
le aprovecha: «Aunque tuviera plenitud de fe como
para trasladar montañas, si no tengo caridad, nada
soy. Aunque repartiera todos mis bienes y entregara
mi cuerpo a las llamas, si no tengo caridad, nada
me aprovecha». Por lo que si uno tuviese tal fe que
trasladara un monte de una parte a otra, como hizo
san Gregorio Taumaturgo, si no tuviere caridad,
de nada vale; si distribuyera todos sus bienes a los
pobres y padeciera voluntarios martirios, pero sin

caridad, de modo que lo sufriera con otro fin que el de agradar a Dios, de nada le vale. Por eso san Pablo continúa describiéndonos las contraseñas de la divina caridad, enseñándonos a la vez la práctica de aquellas virtudes que son sus hijas: «La caridad es paciente, es servicial; la caridad no es envidiosa, no es jactanciosa, no se engríe; es decorosa; no busca su interés; no se irrita; no toma en cuenta el mal; no se alegra de la injusticia; se alegra con la verdad. Todo lo excusa. Todo lo cree. Todo lo espera. Todo lo soporta» (1Cor 13,2-7).

Consideremos en el presente libro estas diversas prácticas de la caridad, para ver si reina verdaderamente en nosotros el amor que debemos a Jesucristo y examinar las virtudes en que principalmente nos habemos de ejercitar para conservar en nosotros y acrecentar este santo amor.

Afectos y plegarias

¡Amabilísimo y amantísimo Corazón de Jesús, desgraciado el corazón que no te ame! ¡Oh Dios, moriste en la cruz por amor a los hombres, sin sentir alivio alguno!, y ¿cómo después de ello viven estos sin acordarse de ti?

¡Oh amor divino, oh ingratitud humana! ¡Oh hombres, hombres, mirad al inocente Cordero de Dios que agoniza en la cruz y muere por vosotros, pagando así a la divina justicia por vuestros pecados y atrayéndonos a su amor! Mirad cómo, a la vez, ruega al Eterno Padre que os perdone; miradlo y amadle.

¡Ah Jesús mío, qué pocos son los que te aman! Desgraciado de mí, que también durante tantos años me olvidé de ti, ofendiéndote tantas veces. Amado Redentor mío, no es tanto el infierno que merecí el que me hace derramar lágrimas, cuanto el amor que me has mostrado.

Dolores de Jesús, ignominias de Jesús, llagas de Jesús, muerte de Jesús, amor de Jesús, imprimíos en mi corazón y quede en él para siempre su dulce recuerdo que me hiera e inflame continuamente en su amor.

Te amo, Jesús mío; te amo, sumo bien mío; te amo, mi amor y mi todo; te amo y quiero amarte siempre. No permitas que te abandone y vuelva a perderte.

Hazme todo tuyo por los méritos de tu muerte, en la cual tengo cifrada toda mi esperanza.

María, Reina mía, también en tu intercesión confío. Consígueme el amor a Jesucristo y también tu amor, Madre y esperanza mía.

Capítulo 5

Quien ama a Jesucristo, ama el sufrir

La caridad es paciente

[1] La tierra es lugar de merecimientos, de donde se deduce que es lugar de padecimientos. Nuestra patria, donde Dios nos tiene reservado el descanso del gozo eterno, es el paraíso. Poco tiempo hemos de estar en este mundo, pero son muchos los trabajos que tenemos que soportar en este breve tiempo. «El hombre, nacido de mujer, corto de días y harto de inquietud» (Job 14,1). Hay que sufrir; todos tenemos que sufrir; todos, sean justos o pecadores, han de llevar la cruz. Quien la lleva pacientemente, se salva, y quien la lleva impacientemente, se condena. Idénticas miserias, dice san Agustín, conducen a unos al cielo y a otros al infierno. En el crisol del padecer, añade el mismo santo Doctor, se quema la paja y se logra el grano en la Iglesia de Dios; quien en las tribulaciones se humilla y resigna a la voluntad de Dios, es grano del paraíso; y quien se ensoberbece e irrita, abandonando a Dios, es paja para el infierno.

[2] El día en que se discuta la causa de nuestra salvación, si queremos alcanzar sentencia de salvación, es preciso que nuestra vida se halle conforme con la de Jesucristo: «Porque a los que de antemano conoció, también los predestinó a ser conformes con la imagen de su Hijo» (Rom 8,29). Para esto se propuso el Verbo eterno venir al mundo, para enseñarnos con su ejemplo a llevar pacientemente las cruces que Dios nos manda: «Cristo padeció por nosotros, dejándonos un ejemplo para que sigamos sus huellas» (1Pe 2,21). Jesucristo quiso padecer para animarnos a padecer. ¡Dios mío!, ¿cómo fue la vida de Jesucristo? Vida de ignominias y de penalidades. El profeta llamó a nuestro Redentor «despreciable y deshecho de hombres, varón de dolores y sabedor de dolencias» (Is 53,3). Hombre despreciado, tratado como el último de todos, hombre de dolores; sí, porque la vida de Jesucristo estuvo saturada de trabajos y dolores.

[3] Pues bien, así como Dios trató a su amado Hijo, así también tratará a quien le ame y adopte como hijo: «Pues a quien ama el Señor, le corrige; y azota a todos los hijos que acoge. Sufrís para corrección vuestra» (Heb 12,6-7). Dijo el Señor a santa Teresa: «Cree, hija, que a quien mi Padre más ama, da mayores trabajos». Por eso la santa, cuando se veía más trabajada, decía que no trocaría sus trabajos por todos los tesoros del mundo. Apareciéndose después de muerta a una de sus religiosas, le reveló que gozaba de gran premio en el cielo, no tanto por las buenas obras cuanto por los padecimientos que en vida sufrió con agrado por

amor de Dios, y que, si por alguna causa hubiera deseado tornar al mundo, sería esta tan solo la de poder sufrir alguna cosa por Dios.

[4] Quien padece amando a Dios, dobla la ganancia para el paraíso. San Vicente de Paúl solía decir que el no penar en esta tierra debe reputarse por gran desgracia; y añadía que una congregación o persona que no padece y es de todo el mundo aplaudida, está ya al borde del precipicio. Por eso, el día que san Francisco de Asís pasaba sin algún trabajo por Cristo, temía que Dios le hubiera dejado de su mano. Escribe san Juan Crisóstomo que, cuando el Señor concede a alguno el favor de padecer por Él, dale mayor gracia que si le concediera el poder resucitar a los muertos, porque, en esto de obrar milagros, el hombre se hace deudor de Dios; pero en el padecer, Dios es quien se hace deudor del hombre; y añadía que el que pasa algún trabajo por Cristo, aunque otro favor no recibiera que el de padecer por Dios, a quien ama, eso sería la mayor correspondencia, y que la gracia que tuvo san Pablo de ser aherrojado por Cristo la tenía en más que la de haber sido arrebatado al tercer cielo.

[5] «La paciencia ha de ir acompañada de obras perfectas, para que seáis perfectos e íntegros sin que dejéis nada que desear» (Sant 1,4). Es decir, que no hay cosa que más agrade a Dios que el contemplar a un alma que con paciencia e igualdad de ánimo lleve cuantas cruces le mande; que esto hace el amor, igualar al amante con el amado. Decía san Francisco de Sales: «Todas las llagas del

Redentor son a manera de bocas que nos enseñan cómo hemos de padecer trabajos por Él. Sufrir con constancia por Cristo, he ahí la ciencia de los santos y el medio de santificarnos prestamente». Quien ama a Jesucristo desea que le traten como a Él le trataron, pobre, despreciado y humillado. «Después miré, y había una muchedumbre inmensa... de pie delante del Cordero, vestidos con vestiduras blancas y con palmas en las manos» (Ap 7,9). La palma es emblema del martirio, pero no todos los santos sufrieron el martirio. ¿Cómo, pues, todos llevan esas palmas? Responde san Gregorio que todos los santos fueron mártires, o a manos del verdugo o trabajados por la paciencia; de suerte, añade el santo, que «nosotros sin hierro podemos ser mártires, con tal que nuestra alma se ejercite en la paciencia».

[6] En esto estriba el mérito del alma que ama a Jesucristo, en amar el padecimiento. Dijo el Señor a santa Teresa: «¿Piensas, hija, que está el merecer en gozar? No está sino en obrar y en padecer y en amar... Cree, hija, que a quien mi Padre más ama, da mayores trabajos, y a estos responde el amor. ¿En qué te lo puedo más mostrar que querer para ti lo que quise para mí? Mira estas llagas, que nunca llegarán aquí tus dolores». «Pues creer que Dios admite a su amistad estrecha gente regalada y sin trabajos, es disparate». Y añade santa Teresa para consuelo nuestro: «Y aunque haya más tribulaciones y persecuciones, como se pasen sin ofender al Señor, sino holgándose de padecerlo por él, todo es para mayor ganancia».

Apareciéndose cierto día Jesucristo a la beata Bautista Varani le dijo que «tres eran los favores de mayor precio que Él sabía hacer a sus almas predilectas: el primero, no pecar; el segundo, obrar el bien, que es de más subido valor; y el tercero, que es el más cumplido, padecer por amor de Él». Conforme a esto, decía santa Teresa de Jesús que, cuando alguien hace por el Señor algún bien, el Señor se lo paga con cualquier trabajo. Por ello, los santos daban en sus contrariedades gracias a Dios. San Luis, rey de Francia, hablando de la esclavitud padecida por él en Turquía, decía: «Me gozo y doy gracias a Dios, más por la paciencia que entre las prisiones me ha concedido, que si hubiera conquistado toda la tierra». Y santa Isabel, reina de Hungría, cuando, a la muerte de su esposo, fue expulsada de sus estados con su hijo, abandonada de todos, entró en una iglesia de franciscanos e hizo cantar en ella un *Te Deum* en acción de gracias porque así la favorecía Dios, permitiéndola padecer por su amor.

[7] Decía san José de Calasanz que «no sabe ganar a Cristo el que no sabe sufrir por Cristo». Y antes lo había dicho el apóstol: «Estimo que los sufrimientos del tiempo presente no son comparables con la gloria que se ha de manifestar en nosotros» (Rom 8,18). Extraordinaria ganancia sería padecer todas las penalidades sufridas por los santos mártires, durante nuestra vida, a trueque de disfrutar, aunque fuera solo un momento, de la gloria del paraíso; luego ¿con cuánta mayor razón habremos de abrazarnos a nuestra cruz, sabiendo que los trabajos de

esta breve vida nos conquistarán la bienaventuranza eterna? «La leve tribulación de un momento nos produce sobre toda medida un sólido caudal de vida eterna» (2Cor 4,17). San Agapito, joven de pocos años, cuando el tirano le amenazó con abrasarle la cabeza con un yelmo encendido, respondió: «Y ¿qué mayor fortuna podría ser la mía que perder la cabeza para verla coronada luego en la gloria?». Esto hacía exclamar a san Francisco: «Tan grande es el bien que espero, que las penas tórnanseme gozos». La corona del paraíso exige luchar y sufrir: «Si nos mantenemos firmes, también reinaremos con él» (2Tim 2,12). No se pueden tener premios sin mérito, ni méritos sin paciencia. «No se recibe la corona si no se ha competido conforme al reglamento» (2Tim 2,5). Y al que con más paciencia combatiere, le ha de caber mayor corona. Cosa admirable: cuando se trata de bienes temporales, los mundanos tratan de acaparar lo más que pueden; cuando se trata de los bienes eternos, dicen: basta un rinconcito en el paraíso. No hablaron así los santos, sino que en la vida se contentaban con cualquier cosa, y hasta se despojaban de los bienes terrenos, al paso que, tratándose de los celestiales, se esforzaban en allegar cuantos más podían. Y yo pregunto: ¿Quiénes son los más sabios y prudentes?

[8] Pero hablando también de esta vida, es verdad que quien sufre con más paciencia, disfruta también de mayor paz. Decía san Felipe Neri que en este mundo no hay purgatorio, sino tan solo cielo o infierno; quien soporta pacientemente las tribulaciones, disfruta ya del cielo, y quien las rehúye,

padece ya un infierno anticipado. Sí, porque, como escribe santa Teresa, quien abraza las cruces que Dios le manda, no las siente. Hallándose san Francisco de Sales, en cierta ocasión, asediado de tribulaciones, dijo: «Desde hace algún tiempo, las adversidades y secretas contradicciones que experimento me proporcionan tan suave y dulce tranquilidad, que no tiene igual, y son presagio de la próxima y estable unión del alma con Dios, la cual en toda verdad es la única ambición y el único anhelo de mi corazón». Y qué verdad es que la paz no puede encontrarse donde se vive una vida desconcertada, sino donde se vive una vida de unión con Dios y con su santísima voluntad. Un religioso misionero de las Indias, asistiendo a un condenado que se hallaba en el patíbulo, le oyó decir: «Sepa, Padre, que fui de su orden; mientras observé fielmente las Reglas, viví contento; pero cuando empecé a relajarme, en el mismo punto sentí pena y trabajo en todo, de tal manera que, abandonando la religión, di rienda suelta a los vicios, que, por fin, me trajeron al estado miserable en que me ve. Le digo esto para que mi ejemplo pueda servir de escarmiento a otros». El venerable Luis de la Puente decía que para disfrutar de paz había que tomar las cosas dulces de la vida como amargas, y las amargas como dulces. Sí, porque lo dulce, aun cuando agrade a los sentidos, deja, sin embargo, un amargo remordimiento de conciencia, por la complacencia desordenada que en ello se tiene, al paso que lo amargo, aceptado pacientemente, como venido de la mano de Dios, se torna suave y querido a las almas que le aman.

[9] Persuadámonos de que en este valle de lágrimas no es posible que goce verdadera paz de corazón sino quien sobrelleva los padecimientos y se abraza gustoso con ellos para agradar a Dios; que tal es la herencia y estado de corrupción que nos legó el pecado original. La condición de los justos en la tierra es padecer amando. Cierto día escribió el P. Pablo Séñeri, el joven, a una de sus penitentes, para animarla a padecer, que escribiese a los pies del Crucifijo estas palabras: «Así se ama». No es tanto el padecer, cuanto la voluntad de padecer por amor de Jesucristo, la más cierta señal para ver si un alma le ama. «¿Y qué más ganancia –decía santa Teresa– que tener algún testimonio de que contentamos a Dios?». Pero la mayoría de los hombres desmayan con solo oír el nombre de cruz, de humillación y de penalidades. Con todo, no faltan almas amantes que cifran todo su contento en padecer y andan como inconsolables cuando les faltan trabajos. «Solo mirar a Jesús crucificado –decía una persona santa– me infunde tal amor a la cruz, que se me hace no podría ser feliz sin padecimientos; el amor de Jesucristo me basta para todo». Este es el consejo que Jesús da a quien lo quiere seguir, tomar la cruz y seguirlo: «Si alguno quiere venir detrás de mí, niéguese a sí mismo, tome su cruz cada día y sígame» (Lc 9,23). Pero es necesario llevarla no a la fuerza y con aversión, sino con humildad, paciencia y amor.

[10] ¡Qué gusto proporcionan a Dios quienes humilde y pacientemente se abrazan con las cruces que les envía! Decía san Ignacio de Loyola: «No

hay leña tan a propósito para encender y conservar el fuego del amor de Dios como el madero
de la cruz». Es decir, el amarlo en medio de los
sufrimientos. Cierto día santa Gertrudis preguntó
al Señor qué sería lo que pudiera ofrecerle más de
su agrado, y Él le respondió: «Hija mía, con lo que
más me agradarías sería con sufrir pacientemente
cuantas tribulaciones te presentara». Por eso decía
la sierva de Dios sor Victoria Angelini que más
vale un día clavado en cruz que cien años de ejercicios espirituales. Y el venerable P. Juan de Ávila
añadía: «Más vale en las adversidades un gracias
a Dios que seis mil gracias de bendiciones en la
prosperidad». Y, con todo, los hombres desconocen el valor del padecer por Dios. Decía la beata
Ángela de Foligno que, si conociéramos el mérito
de padecer por Dios, robaríamos las ocasiones del
padecimiento. De ahí que santa María Magdalena
de Pazzi, conocedora del valor del sufrimiento,
deseaba que se prolongase su vida, más bien que ir
luego a disfrutar del cielo; porque en el cielo no se
puede padecer, decía.

[11] El alma que ama a Dios solo ansía unírsele
por completo, pero para alcanzar unión tan perfecta oigamos lo que decía santa Catalina de Génova:
«Para llegar a la unión con Dios son necesarias las
adversidades, porque Dios por su medio destruye
todos los desordenados movimientos de nuestra
alma y de nuestros sentidos. Y, por esto, injurias,
desprecios, enfermedades, pérdidas de parientes y
de amigos, humillaciones, tentaciones y demás contrariedades, nos son sumamente necesarias, para

que, batallando y de victoria en victoria, lleguemos a extinguir en nosotros las perversas inclinaciones de parecernos desagradables, pues mientras que el amor divino no nos las torne amables, no llegaremos a la divina unión».

[12] De ahí que el alma que anhele ser toda de Dios, como escribe san Juan de la Cruz, ha de buscar no el gozo, sino el padecimiento en todas las cosas: «Porque buscarse a sí en Dios es buscar los regalos y recreaciones de Dios; pero buscar a Dios en sí es no solo querer carecer de eso y de esotro por Dios, sino inclinarse a escoger por Cristo todo lo más desabrido, ahora de Dios, ahora del mundo, y esto es amor de Dios»; y así ha de abrazar ávidamente todas las mortificaciones voluntarias, y con mayor avidez aún y amor las involuntarias, porque estas son más queridas de Dios. Salomón dijo: «Más vale el paciente que el héroe, el dueño de sí que el conquistador de ciudades» (Prov 16,32). Agrada a Dios quien se mortifica con ayunos, cilicios y disciplinas, porque mortificándose da pruebas de varonil entereza; pero mucho más agradable es a Dios holgarse en los trabajos y sufrir pacientemente las cruces que Él nos manda. San Francisco de Sales decía: «Las tribulaciones que nos vienen de la mano de Dios o de los hombres, son siempre más preciosas que las que son hijas de la propia voluntad, porque es ley general que donde menos lugar tiene nuestra voluntad, más contento hay para Dios y provecho para nuestras almas». En igual sentido abundaba santa Teresa: «Y deja casi aniquilada aquella pena con el gozo que

le da ver que le ha puesto el Señor en las manos cosa que en un día podrá ganar más delante de Su Majestad, de mercedes y favores perpetuos, que pudiera ser ganara él en diez años por trabajos que quisiera tomar por sí»; razón por la cual afirmaba santa María Magdalena de Pazzi no haber cosa en el mundo, por acerba que fuese, que no la sufriera alegremente, pensando que procede de la divina mano. Y así fue, porque, en los no pequeños trabajos que hubo de sufrir en un lustro, bastábale traer a la memoria ser voluntad de Dios, para recobrar la paz y la tranquilidad. ¡Ah!, que para conquistar a Dios, inestimable tesoro, todo es nada o de ningún valor. Decía el P. Hipólito Durazzo: «Cueste Dios lo que cueste, nunca es demasiado caro».

[13] Roguemos, pues, al Señor que nos halle dignos de amarlo; que, si le amamos perfectamente, todos los bienes terrenos se nos harán humo y lodo, y se nos convertirán en cosas deliciosas las ignominias y padecimientos. Oigamos lo que dice san Juan Crisóstomo del alma que se entrega completamente a Dios: «Luego que se ha llegado al perfecto amor de Dios, vívese como solo en la tierra y ni se para en glorias o en ignominias: desprécianse tentaciones y trabajos y se pierde el gusto y apetito de las cosas terrenas. No encontrando ayuda ni reposo en cosas de mundo, corre el alma sin tregua ni descanso tras del amado sin que haya estorbo que la detenga, porque ya trabaje, coma, vele, duerma, en cuanto haga o diga, cifra su ideal y afanes en la búsqueda del amado; que en él está su corazón por estar en él su tesoro».

En este capítulo hemos hablado de la paciencia en general; en el decimoquinto trataremos en especial de las ocasiones en que habremos de ejercitarla.

Afectos y plegarias

Querido Jesús mío y tesoro mío, por las ofensas que te hice no merezco disfrutar de tu amor, pero por tus merecimientos te ruego me hagas digno de él. Te amo sobre todas las cosas y me arrepiento de todo corazón por haberte despreciado en lo pasado y arrojado del alma. Ahora te amo más que a mí mismo, te amo con todo mi corazón ¡oh bien infinito!, te amo, te amo, te amo, y nada más deseo que amarte perfectamente. Una sola cosa temo y es verme privado de tu amor.

Enamorado Redentor mío, dame a conocer el sumo bien que eres y el amor que me profesas para obligarme a amarte, Dios mío, no permitas que viva ingrato a tanta bondad tuya. Sobrado te he ofendido; no quiero ya separarme de ti; quiero emplear cuantos años me restaren de vida en amarte y complacerte. Socórreme, Jesús mío y amor mío; ayuda a un pecador que anhela amarte y entregarse completamente a ti.

¡Oh María, esperanza mía!, tu Hijo atiende a tus súplicas: ruégale por mí y alcánzame la gracia de amarlo perfectamente.

Capítulo 6

El que ama a Jesucristo, ama la mansedumbre

La caridad es benigna

[1] El espíritu de mansedumbre es propio de Dios: «Mi recuerdo es más dulce que la miel» (Si 24,37). Quien ama a Dios ama a todos los amados de Dios, que son nuestros prójimos; y así, con voluntad amorosa busca el modo de ayudar, consolar y dar gusto a todos, en cuanto en su mano está. San Francisco de Sales, maestro y ejemplo de mansedumbre, decía: «La humilde mansedumbre es la virtud de las virtudes, que Dios tanto nos recomienda, y por esto es menester practicarla siempre y en todo lugar». Y el santo deducía esta regla: «Haced lo que se pueda hacer con amor y dejad de hacer lo que no se pueda hacer sin andar en pendencias. Entiéndese lo que se puede dejar sin menoscabo de la gloria de Dios, porque la ofensa de Dios ha de impedir siempre, tan pronto como se pueda, por aquel que está en la obligación de impedirla.

[2] Esta mansedumbre ha de practicarse con los pobres de especial manera, porque, de ordinario, por ser pobres, son tratados ásperamente por los demás. Debe, asimismo, practicarse con los enfermos, los cuales, aquejados como se ven por sus dolencias, están mal asistidos. Y más particularmente ha de practicarse la mansedumbre con los enemigos. «Vence el mal a fuerza de bien» (Rom 12,21). Es necesario vencer el odio con el amor, las persecuciones con la mansedumbre, como hicieron los santos, granjeándose de esta suerte el afecto de sus más obstinados perseguidores.

[3] Dice san Francisco de Sales: «Nada edifica tanto al prójimo como el trato afable y amoroso». Por eso andaba siempre la sonrisa a flor de labios en el santo, y su empaque, palabras y gestos respiraban benignidad, hasta el extremo que decía de él san Vicente de Paúl que nunca había hallado hombre tan benigno como Francisco de Sales, y añadía que con solo mirarlo se le hacía contemplar la mismísima benignidad de Jesucristo. Hasta cuando tenía que negar lo que la conciencia no le permitía conceder, de tal manera se mostraba benigno, que los solicitantes, a pesar de ver frustrado su intento, marchaban contentos y aficionados a su persona. Con todos era benigno, con los superiores, con los iguales, con los inferiores, con los de casa y con los de fuera, muy diferente de aquellos que, en expresión del mismo santo, «parecen ángeles fuera de casa y dentro son unos diablos». Nunca se quejaba de las faltas de los criados, rara vez los amonestaba, y siempre con palabras llenas de benignidad. Cosa, por cierto, muy de alabar en todos los superiores, que deben ser suaves y benignos con sus súbditos y, cuando tienen que señalar una ocupación, deben más bien rogar que mandar. Decía san Vicente de Paúl: «No hallarán los superiores mejor modo de ser obedecidos que mediante la afabilidad». Y de igual manera se expresaba santa Juana de Chantal: «Experimenté varios modos de gobernar a mis súbditos, y no lo hallé mejor que la suavidad y tolerancia».

[4] También en la corrección de los defectos el superior debe estar revestido de templanza. Una cosa es corregir con energía, y otra corregir con aspereza. A veces, cierto que habrá que corregir con energía, cuando se trata de graves defectos, y máxime si son recaídas en ellos; pero aun entonces guardémonos de reprender con aspereza e ira; quienes reprenden con ira causan más daño que provecho. Este es el celo amargo reprochado por Santiago. Gloríanse algunos de dominar a la familia con su régimen de aspereza y aventuran que ese es el arte de gobernar, pero no piensa igual el apóstol Santiago, que dice: «Si tenéis en vuestro corazón amargura, envidia y espíritu de contienda, no os jactéis ni mintáis contra la verdad» (Sant 3,14). Si en alguna ocasión fuera necesario dar al culpable severa represión, para inducirlo a reconocer la gravedad de su falta, es necesario, al menos, al fin de la represión, dejarle buen sabor de boca con palabras de blandura y amor. Se impone curar las heridas como lo hizo el samaritano del Evangelio, con vino y aceite. «Y así como el aceite –dice san

Francisco de Sales– sobrenada entre los restantes licores, así es necesario que en todas nuestras acciones sobrenade la benignidad». Y si aconteciere que la persona que ha de sufrir la corrección se hallare turbada y alborotada, se ha de aplazar la represión hasta verle desenojado; de lo contrario, solo se lograría irritarle más. San Juan, canónigo regular, decía: «Cuando la casa arde, no hay que echar más leña al fuego».

[5] «No sabéis a qué espíritu pertenecéis» (Lc 9,55). Así dijo Jesucristo a sus discípulos Santiago y Juan cuando le pidieron que castigara a los samaritanos por haberlos expulsado de su país. ¿Cómo?, dijo Jesús: ¿Qué espíritu es ese? No es, por cierto, el mío, todo dulzura y benignidad, pues no vine a perder, sino a salvar. ¿Y vosotros intentáis que pierda a los samaritanos? Callad y no me dirijáis tal súplica, porque repito que ese no es mi espíritu. Y, a la verdad, ¡con cuánta dulzura trató Jesucristo a la adúltera!: «Mujer ¿nadie te ha condenado? Pues yo tampoco te condeno: Vete y no quieras pecar más» (Jn 8,10-11). La amonestó a que no pecara más y la despidió en paz. ¡Con qué benignidad, a la vez, buscó la salvación de la samaritana! Primero le pidió de beber y luego le dijo: «¡Si supieras tú quién es el que te pide de beber!». Después le reveló que era el Mesías esperado. Con cuánta dulzura trató de convertir al impío Judas, lavándole los pies, admitiéndolo a comer de su mismo plato, y diciéndole en el mismo momento del prendimiento: «Amigo, ¿con un beso entregas al Hijo del hombre?» (Lc 22,48). Y para convertir a Pedro, después de la

triple negación, ¿qué hace?: «Y en aquel momento, estando aún hablando, cantó el gallo y el Señor se volvió y miró a Pedro» (Lc 22,61). Al salir de casa del pontífice, sin echarle en cara su pecado, le dirigió una tierna mirada, que obró su conversión, de tal modo que Pedro, mientras vivió, no dejó de llorar la injuria hecha a su maestro.

[6] ¡Cuánto más se gana con la afabilidad que con la aspereza! Nada hay más amargo que la nuez verde, decía san Francisco de Sales; pero, una vez preparada, es suave y dulce al paladar; también las correcciones por naturaleza son ásperas; pero si se hacen con amor y dulzura, se vuelven gratas, consiguiendo por ello el mayor éxito. Lo mismo afirmaba san Vicente de Paúl que en el gobierno de su Congregación no se acordaba de haber corregido a nadie ásperamente, fuera de tres veces que se creyó en el deber de obrar así, de lo que siempre se había arrepentido, pues siempre le había resultado contraproducente. En cambio, siempre que había corregido con dulzura había conseguido lo que pretendía.

[7] San Francisco de Sales, con su trato amable, conseguía cuanto pretendía, hasta llevar a Dios a los pecadores más empedernidos. Igual hacía san Vicente de Paúl, que solía decir a los suyos: «La afabilidad, el amor y la humildad tienen una fuerza maravillosa para conquistarse los corazones e inducirlos a abrazar hasta lo más repugnante a la naturaleza». Cierto día encomendó a uno de sus misioneros la conversión de un gran pecador, pero el padre, por más esfuerzos que hizo, no consiguió

nada, por lo que rogó al santo le dirigiera él algunas palabras; así lo hizo san Vicente y lo convirtió. El pecador en cuestión afirmaba después que le había cautivado el corazón la dulzura y caridad del P. Vicente. Por eso el santo no podía tolerar que sus misioneros tratasen a los penitentes ásperamente, asegurándoles que el demonio se sirve del rigor para llevar las almas al infierno.

[8] Es necesario practicar la benignidad con todos, en toda ocasión y en todo tiempo. Advierte san Bernardo que hay algunos de trato suave mientras las cosas marchan como la seda, pero si se atraviesa cualquier contrariedad, cualquier contratiempo, se encienden súbitamente y comienzan a echar fuego como el Vesubio. A estos tales se les puede llamar carbones encendidos, aun cuando ocultos entre cenizas. Quien quiera santificarse ha de ser como el lirio entre espinas, que, por más que nazca entre ellas, no deja de ser lirio, siempre suave y deleitable. El alma amante de Dios conserva siempre la paz del corazón y la traduce hasta en el rostro, lo mismo en la prosperidad que en la adversidad, como cantó el cardenal Petrucci:

*«Ve cómo cambian en distintas formas
las criaturas fuera, mas por dentro
del corazón, en su escondido centro,
vive serena con su Dios unida».*

[9] En las adversidades se conoce la calidad de una persona. San Francisco de Sales amaba tiernamente a la Orden de la Visitación, que tantos trabajos le

había costado. A menudo la vio a pique de perderse, al embate de las persecuciones que sobre ella se desencadenaban; pero el santo nunca perdió la paz, y hasta se alegraba de la destrucción de la Orden si ese era el querer de Dios. Fue entonces cuando dijo: «Desde hace algún tiempo las adversidades y contradicciones que experimento me han hecho gozar de tan tranquila paz, que no tiene semejante, y es presagio de estar ya cercano el día de la estable unión de mi alma con Dios, único anhelo de mi corazón».

[10] Cuando tengamos que responder a quien nos maltrata, preparémonos a hacerlo con dulzura. «La respuesta suave quebranta la ira» (Prov 15,1). Una respuesta amable, apaga un incendio de cólera. Si nos sintiéramos turbados, preferible es callar, porque entonces no nos parecerá mal decir la primera palabra que os venga a los labios; pero, calmada la pasión, veremos que tantos fueron los pecados, cuantas las palabras que se nos escaparon.

[11] Y hasta cuando caemos en alguna falta, también entonces nos es necesaria la mansedumbre: irritarse contra sí después de una falta no es humildad, sino refinada soberbia, como si no fuéramos por naturaleza más que flaqueza y miseria. Decía santa Teresa: «Esta es una humildad falsa que el demonio inventaba para desasosegarme y provocar si podía traer el alma a la desesperación. Irritarnos con nosotros mismos después de la falta, es una falta mayor que la anterior y causa de muchas otras, nos hará dejar las devociones, la oración, la comu-

nión, y si no, será con muchas imperfecciones». Y
san Luis Gonzaga: en el agua turbia no se ve, por lo
que aprovecha el demonio para sus pescas. Cuando
el alma estuviere turbada, no reconocerá a Dios ni
lo que procede hacer. Entonces, por tanto, después
de la caída en cualquier defecto, es cuando hay que
volver a Dios confiada y humildemente, pidiéndole
perdón y diciéndole con santa Catalina de Génova:
«Estas, Señor, son las flores de mi vergel». Te amo
con todo mi corazón, me arrepiento de haberte disgustado y ya no quiero volver a hacerlo; préstame
tu ayuda.

Afectos y plegarias

¡Dichosas cadenas de caridad que unís al alma
con Dios!, atadme también a mí, de tal modo que
no pueda ya separarme del amor de mi Dios. Jesús
mío, te amo, te amo, tesoro y vida de mi alma;
contigo quiero vivir unido y a ti me entrego. Ya no
quiero, amado Señor mío, dejar de amarte. Tú que
para pagar las deudas de mis pecados quisiste ser
clavado en la cruz y no la abandonaste hasta haber
abandonado la vida, por favor y por los merecimientos de tanto penar, no permitas que vuelva a
separarme de ti.

Me arrepiento, sobre todo mal, de haberte
vuelto la espalda en el pasado, y propongo, con
tu gracia, antes morir que disgustarte ni grave ni
levemente.

¡Oh Jesús mío!, a ti me entrego; te amo con
todo el corazón y te amo más que a mí mismo. En

el pasado te ofendí, pero ahora me arrepiento de ello y quisiera morir de dolor. Úneme del todo a ti. Renuncio a todos los consuelos sensibles y solo a ti quiero y nada más. Haz que te ame y luego dispón de mí como te plazca.

¡Oh María, esperanza mía!, átame a Jesús y haz que siempre viva atado a él y así prendido fallezca, para llegar un día a aquel bienaventurado reino donde no abrigaré ya temores de verme privado de su santo amor.

Capítulo 7

Quien ama a Jesucristo no envidia a los grandes del mundo sino a los que le aman más

La caridad no es envidiosa

[1] Explica san Gregorio esta otra dimensión de la caridad, y dice que no es envidiosa, porque no sabe envidiar a los mundanos las grandezas terrenas que no desea y desprecia. Ante todo, es menester distinguir dos tipos de envidia: una buena y otra mala. Mala es la que se entristece ante los bienes terrenos que otros poseen en el mundo. Luego la envidia santa es la que, en lugar de envidiar, compadece a los grandes del mundo que viven entre honores y placeres terrenales. Únicamente busca a Dios y no pretende en esta vida más que amarlo cuanto le sea agradable; de ahí que ande santamente envidiosa de quienes la venzan en amor, pues en él quisiera aventajar a los propios serafines.

[2] Este es el único fin que proponen en la tierra las almas santas, fin que de tal modo enamora y hiere de amor al corazón de Dios, que le hace prorrumpir en estas expresiones: «Me robaste el

corazón, hermana mía esposa; me robaste el corazón con una sola mirada de tus ojos» (Cant 4,9).
Este mirar de la esposa significa el único fin que
ha de tener el alma en cuanto piense y obre, que
es agradar a Dios. Los hombres del mundo en sus
acciones miran las cosas con muchos ojos, esto es,
con muchas intenciones desordenadas, de agradar
al mundo, conquistar honores, alcanzar riquezas o
al menos complacerse en sí mismos, en tanto que
las almas buenas no tienen más que la mira de
agradar a Dios en todas sus acciones y repiten con
David: «¿Quién sino tú hay para mí en los cielos? Y
si contigo estoy, la tierra no me agrada. Mi carne y
mi corazón se consumen: ¡Roca de mi corazón, mi
porción, Dios por siempre!» (Sal 72,25-26). ¿Qué
otra cosa he de querer, Dios mío, sino a ti solamente en este mundo? Solo tú eres mi riqueza, solo tú
el único Señor de mi corazón. Decía san Paulino:
«Disfruten los ricos sus tesoros terrenos y los reyes
sus reinos, tú, Jesús mío, eres mi tesoro y mi reino».

[3] Nótese que no basta hacer buenas obras, sino
que es necesario hacerlas bien. Para que nuestras
obras sean buenas y perfectas es preciso hacerlas
con el recto fin de agradar a Dios. Tal fue la gran
alabanza que se dio a Jesucristo: «Todo lo hizo
bien» (Mc 7,37). Hay muchas acciones laudables
en sí mismas, pero como fueron hechas con fin
distinto a la gloria de Dios, no llegarán a Dios.
Decía santa María Magdalena de Pazzi: «Dios recompensa nuestras acciones a peso de rectitud»; es
decir, que según sea la rectitud de la intención, así
Dios tendrá por buenas y recompensará nuestras

obras. Sin embargo ¡qué difícil es encontrar una obra hecha tan solo por Dios! Ahora me acuerdo de un santo religioso, ancianito él y muerto en olor de santidad, después de una vida de trabajos por la gloria de Dios; cierto día me decía, triste y turbado por la ojeada que acababa de echar a su vida: «Padre mío, de todas las obras de mi vida no hallo ni una que haya sido hecha puramente por Dios». ¡Maldito amor propio, que echa a perder todo o la mayor parte del fruto de nuestras buenas acciones! ¡Cuántos predicadores, confesores misioneros, se fatigan en los más santos ministerios, y al cabo poco o nada recogen para el cielo, porque no tienen por única mira a Dios, sino más bien la gloria mundana, los intereses o la vanidad de la ostentación o, al menos, de su natural inclinación!

[4] Dice el Señor: «Cuidad de no practicar vuestra justicia delante de los hombres para ser vistos de ellos; de lo contrario no tendréis recompensa de vuestro Padre celestial» (Mt 6,1). El que se fatiga por satisfacer sus gustos naturales, en ellos recibe un premio y firma el recibo de su paga: «En verdad os digo que ya han recibido su paga» (Mt 6,2). Paga, sin embargo, exigua, que se reduce a un poco de humo y a una efímera satisfacción, que pronto pasa, sin dejar nada de provecho en el alma. Dice el profeta Ageo que quienes trabajan, mas no para complacer a Dios, ponen sus ganancias en saco roto, que cuando se abre no se halla nada. «El jornalero ha metido su jornal en bolsa rota» (Ag 1,6). De ahí proviene que estos tales, si después de tanto trabajo no alcanzan el apetecido resultado, se desaniman;

prueba de que no tenían por finalidad la sola gloria de Dios. Quien obra solo por esa divina gloria, aunque no tenga el apetecido éxito, no se turba, pues al fin logró el fin que se prefijara, que era agradar a Dios por medio de su rectitud de intención.

[5] He aquí los signos que revelan si nuestras obras espirituales son solo para gloria de Dios: 1º No turbarse cuando no se alcanza lo que se buscaba, porque, no siendo esto del agrado de Dios, tampoco es conforme a su voluntad; 2º Alegrarse del bien obrado por otros como si uno mismo lo hubiera hecho; 3º No desear un cargo con preferencia a otro, aceptando gustoso el que indicase la obediencia a los superiores; 4º No buscar, después de ejercidos sus ministerios, el agradecimiento ni la aprobación de los demás; antes por el contrario, viéndose criticado y censurado, no turbarse cifrando su alegría en haber contentado únicamente a Dios. Y si por ventura se reciben alabanzas mundanas, no vanagloriarse, sino responder a la vanagloria que corre tras uno como respondió el venerable P. Juan de Ávila: «Tarde venís, que ya está dado a Dios».

[6] Esto es entrar en el gozo del Señor, es decir, disfrutar del gozo prometido por Dios a sus siervos fieles: «Bien, siervo bueno y fiel; en cosas pocas fuiste fiel, sobre muchas te pondré, entra en el gozo de tu Señor» (Mt 25,21). Y si tenemos la dicha de hacer algo del divino agrado, dice san Juan Crisóstomo, ¿qué más querremos buscar?

Esta es la mayor fortuna y el mayor regalo a que puede aspirar una criatura: complacer a su Creador.

[7] Y es lo que pretende Jesús de quien le ama: «Ponme como sello sobre tu corazón, cual sello sobre tu brazo» (Cant 8,6). Quiero que le ponga por sello en el corazón y en el brazo: en el corazón para que cuanto piense sea por puro amor de Dios; y en el brazo, para que cuanto haga sea para agradar a Dios, y de este modo sea siempre el Señor el único fin de todas sus obras y hasta de todos sus pensamientos. Santa Teresa decía que quien se quiera santificar ha de vivir sin más deseo que el de agradar a Dios. Y su primera hija espiritual, la venerable Beatriz de la Encarnación, decía: «No tiene precio la cosa más pequeña que se hace si va por amor de Dios; no habíamos de menear los ojos si no fuese por este fin y por agradarle». Y con razón, porque cuanto se hace para agradar a Dios es pura caridad que a Él nos une y nos alcanza bienes eternos.

[8] Se dice que la rectitud de intención es como alquimia celestial que convierte el hierro en oro; es decir, las acciones más triviales, como trabajar, comer, recrearse, descansar, hechas por amor de Dios, se transforman en oro de santo amor. Santa María Magdalena de Pazzi decía que los que obran con recta intención cuanto hacen, van derechos al paraíso, sin pasar por el purgatorio. Se narra en el libro *Erario espiritual* que un cierto santo solitario, antes de ejecutar cualquier obra, se detenía un tantillo y dirigía los ojos al cielo. Preguntado por qué lo hacía, respondió: «Es que procuro asegurar la puntería»; queriendo con esto decir que así como el ballestero antes de lanzar la saeta fija la puntería

para asegurar el blanco, así también él, antes de ejecutar cualquier acción, ponía la mira en Dios, para que fuese del divino agrado. Así debíamos hacer nosotros también: al proseguir la obra comenzada, es bueno que renovemos de cuando en cuando la intención de agradar a Dios.

[9] Aquellos que en sus obras no buscan más que la voluntad de Dios, disfrutan de aquella santa libertad de espíritu de hijos de Dios que contribuye a hacer abrazar cuanto sea del agrado de Jesucristo, sin tener cuenta de las repugnancias del amor propio o del respeto humano. El amor a Jesucristo comunica a sus amadores una total indiferencia, que lo hace todo igual, lo dulce y lo amargo; nada quieren de lo que a ellos agrada y nada rehúsan de lo que agrada a Dios. Con igual paz se emplean en las cosas grandes que en las pequeñas; en lo que los mortifica, lo mismo que en lo que los halaga; les basta entender que en esto agradan a Dios.

[10] Muchos hay, por el contrario, que quieren servir a Dios, pero en tal empleo, en aquel lugar, con determinados compañeros, en ciertas circunstancias y de otro modo, o no le sirven o lo hacen de mala gana. Estos tales no disfrutan de la libertad de espíritu, sino que son esclavos del amor propio y, por ende, poco o ningún mérito tienen de cuanto hacen; viven inquietos porque, de suave que es, tornan en pesado el yugo de Jesucristo. Los verdaderos seguidores de Jesucristo buscan solo lo que a él le place y porque a él place; cuando quiera, donde quiera y como quiera Jesucristo; sea que los

quiera emplear en ministerios honrosos o bien en oficios viles y despreciables. Esto es amar a Cristo con puro amor y en esto debiéramos emplear todas nuestras fuerzas, combatiendo los desordenados apetitos del amor propio, ganoso siempre de lucimientos en grandes cosas, de mucha honra y conformes a nuestros gustos naturales.

[11] Es necesario que estemos desprendidos hasta de las prácticas espirituales cuando el Señor nos pide trabajar en otras cosas de su agrado. Estando el P. Álvarez muy ocupado, deseaba dejarlo todo para darse a la oración, porque se le hacía que entonces no estaba con Dios; pero el Señor le dijo: «Conténtate de que me sirva de ti aunque no te tenga conmigo». Esto vale para las personas que quizás se inquietan cuando la caridad o la obediencia las obliga a dejar sus acostumbradas devociones. Sepan que tal inquietud no proviene de Dios, sino que es cosa del demonio o del amor propio. «Agradar a Dios aunque cueste la vida». Esta es la primera máxima de los santos.

Afectos y plegarias

Dios eterno, en tus manos pongo todo mi corazón. Pero, Señor, ¿qué corazón te ofrezco? Cierto que fue creado para amarte, pero, lejos de ello, ¡cuántas veces se ha rebelado contra ti! Pero no olvides, Jesús mío, que, si hubo un tiempo en que se rebeló contra ti, ahora está postrado a tus pies, arrepentido y atravesado de dolor por los disgustos que te ha causado. Sí, amado Redentor mío, me arrepiento de haberte despreciado y me resuelvo a amarte y servirte cueste lo que cueste. Por favor, atráeme completamente a ti, y hazlo por el amor que me manifestaste al morir en la cruz por mí.

Te amo, Jesús mío, te amo con toda mi alma, te amo más que a mí mismo, ¡oh verdadero y único amante de mi alma!, ya que tú solo llevaste el amor hasta morir por mí.

Amargamente lloro al ver mi ingratitud. ¡Pobre de mí! Mi perdición era segura, pero confío que con tu gracia me has restituido la vida. Mi vida en adelante será amarte siempre, sumo Bien mío.

Haz que te ame, con infinito amor, y nada más te pido.

¡Oh María, Madre mía!, acéptame por siervo tuyo y haz que también Jesucristo me reciba como tal.

Capítulo 8

Quien ama a Jesucristo huye de la tibieza
y ama la perfección, cuyos medios son:
1. El deseo. 2. La resolución.
3. La oración mental. 4. La comunión.
5. La oración.

La caridad no es jactanciosa

[1] Explicando san Gregorio estas palabras: «La caridad no es jactanciosa» (1Cor 13,4), dice que la caridad, deseosa de ir siempre adelante en el amor de Dios, no admite nada que no sea recto y santo, «porque la caridad, que solo se explaya en el amor a Dios, ignora todo lo que discrepa de lo recto». Que es lo que antes había escrito el apóstol: «Y por encima de todo esto, revestíos del amor, que es el vínculo de la perfección» (Col 3,14). Y porque la caridad ama la perfección, despréndese de aquí que aborrece la tibieza con que sirven a Dios ciertas almas, con grave riesgo de perder la caridad, la gracia divina, el alma y todo.

[2] Ante todo es importante señalar dos especies de tibieza, una inevitable y otra que se puede evitar. La *inevitable* es aquella de la cual ni los santos

se vieron exentos, y abarca todos los defectos que cometemos sin plena voluntad y tan solo por nuestra frágil naturaleza, como las distracciones en la oración, las inquietudes interiores, las palabras inútiles, la curiosidad vana, los deseos de bien parecer, cierta sensualidad en el comer o en el beber, algunos movimientos de la concupiscencia no reprimidos al instante y cosas semejantes. Estos son defectos que debemos evitar en cuanto en nuestra mano esté; pero, debido a nuestra flaca naturaleza, viciada por el pecado, es imposible evitarlos por completo. También debiéramos detestarlos una vez cometidos, porque no son del agrado de Dios; pero, como advertimos en el capítulo anterior, debemos guardarnos de caer por ello en turbación y desaliento, porque, como dice san Francisco de Sales, «los pensamientos que nos angustian no vienen de Dios, que es príncipe de paz, sino que traen su origen o del demonio, o del amor propio, o de la estima que de nosotros mismos tenemos».

[3] Estos pensamientos que nos inquietan, debemos luego rechazarlos, sin hacer caso de ellos. Dice el mismo santo que los defectos indeliberados así como se comenten indeliberadamente, involuntariamente se borran también con un solo acto de dolor o un acto de amor. La venerable María del Crucificado, benedictina, vio en cierta ocasión un globo de fuego dentro del cual caían muchas pajas, y advirtió que todas quedaban reducidas a pavesas, y a la vez le fue dado a entender que un fervoroso acto de amor divino consume todas las imperfecciones que hay en el alma. El mismo efecto produce

la sagrada comunión, según el concilio de Trento, que llama a la Eucaristía «remedio y medicina que nos libra de las culpas cotidianas». Y aunque tales defectos no dejen de serlo, con todo, no impiden la perfección, es decir, el caminar hacia la perfección, porque en esta vida miserable nadie puede llegar a la suma de la perfección, que se consigue solamente en la eterna bienaventuranza.

[4] La tibieza, pues, que impide llegar a la imperfección es la *evitable,* cuando se cae en pecados veniales deliberados, porque estos pecados, cometidos a cara descubierta, se podrían evitar perfectamente, ayudados de la divina gracia, aun en la vida presente. De aquí que santa Teresa dijese: «Pecado muy de advertencia, por chico que sea, Dios nos libre de él». Tales son, por ejemplo, las mentiras voluntarias, las murmuraciones leves, las imprecaciones, los resentimientos manifestados con la lengua, las burlas del prójimo, las palabras picantes, el alabarse y andar tras de la estima propia, los rencores y malquerencias abrigados en el corazón, la afición desordenada a personas de diverso sexo. «¡Oh –exclamaba santa Teresa–, que quedan unos gusanos que no se dan a entender... hasta que nos han roído las virtudes!». Por lo que en otro lugar advierte: «Miren que por muy pequeñas cosas va el demonio barrenando agujeros por donde entren las muy grandes».

[5] Debemos, pues, temblar de cometer tales defectos deliberados, porque ponen a Dios como en la necesidad de privar al hombre de sus luces y del

socorro de su mano poderosa y de sus más suaves y regalados consuelos espirituales; de aquí nace que el alma se da a las cosas espirituales con tedio y con trabajo, por lo que empieza por abandonar la oración, la comunión, las visitas al Santísimo Sacramento, las novenas, y, finalmente, con toda facilidad lo dejará todo, como ha acontecido no raras veces a tantas desgraciadas almas.

[6] Esto significa aquella amenaza que lanza el Señor a los tibios: «Conozco tu conducta: no eres ni frío ni caliente. ¡Ojalá fueras frío o caliente! Ahora bien, puesto que eres tibio, y no frío ni caliente, voy a vomitarte de mi boca» (Ap 3,15-16). ¡Cosa chocante!, dice: «¡Ojalá fueras frío!»; pues ¿cómo? ¿Vale más ser frío, es decir, privado de la gracia, que tibio? Sí; en cierta manera, es preferible estar frío, porque el frío puede fácilmente enmendarse aguijoneado por el torcedor de la conciencia, en tanto que en la tibieza se hacen las paces con los pecados, sin cuidarse ni pensar siquiera en mudar de vida, y por esto se da casi por desesperada su cura. Dice san Gregorio: «El que cayó del fervor en la tibieza está desesperado». Decía el venerable P. Luis de la Puente que él podía haber cometido innumerables defectos en su vida pero que nunca había pactado con ellos. Hay personas, al contrario, que capitulan con sus faltas, de donde procede su ruina, especialmente cuando se trata del amor propio, de honras vanas, del afán de dinero, de rencor o faltas de caridad, de aficiones menos honestas con personas de diferente sexo. Grande riesgo corren estas almas, según expresión de san Francisco de

Asís, de que los cabellos se les truequen en cadenas que los arrastren al infierno. En todo caso, no se santificarán y perderán la corona que Dios les tenía preparada de haber sido fieles a la gracia. El pajarillo, libre del lazo que lo sujetaba, presto toma vuelo y se remonta por los aires; igual acontece al alma libre de todo apego a las cosas terrenas; vuela hacia Dios, en tanto que un solo hilillo que la sujete a la tierra bastará para estorbarla subir al cielo. ¡Cuántas personas espirituales no llegan a la santidad por no esforzarse en dar de mano a ciertas aficioncillas!

[7] Todo este daño proviene del poco amor que se tiene a Jesucristo. Algunos hay que andan como engolfados en la propia estima, otros que se irritan si las cosas no van como deseaban; unos regalan el cuerpo por razones de salud, estos dan entrada en el corazón a afectos terrenos y el interior lo tienen siempre disipado, deseosos siempre de escuchar y saber mil cosas ajenas al servicio de Dios y solo conformes con sus gustos; después están aquellos que desconocen el sufrir la más mínima desatención, y de ahí que se turben, abandonen la oración y el recogimiento, y unas veces se muestran alegres, otras tristes e impacientes, según vayan o no las cosas conforme a sus inclinaciones y estado de ánimo. Estos tales no aman a Jesucristo, o lo aman con menguado amor, y lo que hacen es desacreditar la verdadera devoción.

[8] Pero, ¿qué debe hacer el que se encuentre en este infeliz estado de tibieza? Cierto que es muy difícil ver a un tibio recuperar el antiguo fervor. Pero:

«Lo imposible para los hombres es posible para Dios» (Lc 18,27). El que ruega y emplea los medios necesarios, pronto alcanzará lo que desea. Cinco son los medios para salir de la tibieza y emprender el camino de la perfección:

1º. Desear la perfección.
2º. Resolución de alcanzarla.
3º. La oración mental.
4º. Comunión frecuente.
5º. La oración de súplica.

[9] *El primer medio es desear la perfección.*

Los santos deseos son las alas que nos elevan de lo terreno. Porque como dice san Lorenzo Justiniano: «Los santos deseos dan fuerza y hacen ligero el esfuerzo». Por una parte dan fuerza para caminar hacia la perfección y por otra aligeran la fatiga del camino. El que verdaderamente desea la perfección, va siempre adelante, sin darse punto de reposo, y si no se cansa, al cabo llegará. Por el contrario, quienes no alimentan este deseo volverán atrás y cada día serán más imperfectos. Dice san Agustín que, en los caminos de Dios, no ir adelante es retroceder. Quien no se esfuerza por seguir adelante en lo comenzado, presto verá que vuelve atrás, arrastrado por la corriente de la corrompida naturaleza.

[10] Es error gravísimo el de quienes sostienen que Dios no exige que todos seamos santos, ya que san Pablo afirma: «Porque esta es la voluntad de Dios, vuestra santificación» (1Tes 4,3). Dios quiere que

todos seamos santos, y cada uno según su estado,
el religioso como religioso, el seglar como seglar, el
sacerdote como sacerdote, el casado como casado, el mercader como mercader, el soldado como
soldado, y así de los demás estados y condiciones.
Hermosos son los documentos que acerca de esto
trae mi gran abogada santa Teresa; en un lugar
dice: «Que siempre vuestros pensamientos vayan
animosos, que de aquí vendrá a que el Señor os dé
gracia para que lo sean las obras». En otro se expresa así: «Tener gran confianza, porque conviene
mucho no apocar los deseos, sino creer de Dios,
que, si nos esforzamos poco a poco, aunque no
sea luego, podremos llegar a lo que muchos santos
con su favor». Y, en confirmación de lo dicho,
atestiguaba tener experiencia de que las personas
animosas en poco tiempo aprovechan mucho: «Y
no penséis que ha menester nuestras obras, sino la
determinación de nuestra voluntad». «Mas que le
vean (en el Santísimo Sacramento) y comunicar
sus grandezas y dar de sus tesoros, no quiere sino
a los que entiende que mucho lo desean, porque
estos son sus verdaderos amigos». «Sea bendito por
todo, que he visto claro no dejar sin pagarme, aun
en esta vida, ningún deseo bueno». Tan generosa y
noble era en su amor santa Teresa, que cierto día,
con santa osadía, dijo al Señor que se holgaría de
ver en el cielo a otros con más gloria que ella, pero
que no sabía si se holgaría de que otro amase a
Dios más que ella.

[11] Menester es, por tanto, revestirse de buen
y valiente ánimo: «Bueno es el Señor para el que

en él espera, para el alma que busca» (Lam 3,25).
Dios es sumamente bueno y generoso con quien
le busca de corazón. Ni siquiera nuestros pecados
pasados pueden impedirnos alcanzar la santidad,
si de verdad la deseamos. Advierte santa Teresa:
«Siempre la humildad delante... Mas es necesario
entendamos cómo ha de ser esta humildad; porque
creo que el demonio hace mucho daño para no ir
adelante gente que tiene oración, con hacerlos
entender mal de la humildad, haciendo que nos
parezca soberbia tener grandes deseos y querer
imitar a los santos y desear ser mártires. Luego nos
dice que las cosas de los santos son para admirar,
mas no para hacerlas los que son pecadores. Esto
también lo digo yo; mas hemos de mirar cuál es
de imitar y cuál es de espantar...». El apóstol escribe: «En todas las cosas interviene Dios nuestro
Señor para el bien de los que le aman, de aquellos
que han sido llamados según su designio» (Rom
8,28). Y añade la glosa: «hasta los pecados». Pues
también los pecados cometidos pueden cooperar a
nuestra santificación, en cuanto su recuerdo nos
hace más humildes y agradecidos, a vista de los
favores que Dios nos otorga, después de haberle ofendido tanto. Yo nada puedo, debe decir el
pecador, nada merezco más que el infierno, pero
he de tratar con un Dios de infinita bondad, que
tiene empeñada la palabra de oír a todo el que le
pide. Pues que me libró de la eterna condenación y
quiere ahora que sea santo, ofreciéndome para ello
su ayuda, bien puedo llegar a serlo, no ciertamente
con mis fuerzas, sino con el favor de Dios, que me
conforta: «Todo lo puedo en aquel que me confor-

ta» (Flp 4,13). Cuando experimentemos buenos deseos, esforcemos al punto el ánimo y, poniendo a Dios por fiador, llevémoslo rápidamente a la práctica, y si luego sugiere cualquier impedimento en la vida espiritual, resignémonos a la voluntad de Dios. El querer de Dios ha de prevalecer sobre todo nuestro buen deseo. Santa María Magdalena de Pazzi antes hubiera renunciado a la perfección que alcanzarla contra la voluntad de Dios.

[12] *El segundo medio para alcanzar la perfección es la resolución de entregarse del todo a Dios.*
    Muchos están llamados a la perfección; movidos por la divina gracia, hasta tienen deseos de alcanzarla, pero, porque les falta esta resolución, viven y mueren tibios e imperfectos. No basta el deseo de la perfección si no va acompañado de la firme resolución de alcanzarla. ¡Cuántos se alimentan solo de deseos y no dan ni un paso en los caminos de Dios! Estos son los deseos de que nos habla el Sabio: «Los deseos matan al perezoso» (Prov 21,25). El perezoso no deja de desear, pero no se resuelve a adoptar los medios para conseguir la santidad propia de su estado. Dice: ¡Ah, si viviese en un desierto y no ya en casa! ¡Si pudiera habitar en un monasterio, entonces sí que me entregaría del todo a Dios! Y, entre tanto, no puede sufrir a tal persona, se resiste a oír palabras de contradicción, anda derramado en mil cosas exteriores, cae en incontables defectos, gula, curiosidad, soberbia, y a vuelta de eso sigue suspirando: ¡Ah, si tuviese, si pudiese...! Tales deseos causan más daño que utilidad, porque, mientras uno se alimenta de ellos,

prosigue viviendo en sus imperfecciones. San Francisco de Sales decía: «No apruebo que una persona, ligada ya por un deber o vocación, se pare a desear otro género de vida que no sea conforme con su oficio, ni se meta en ejercicios incompatibles con su estado actual, porque esto disipa el corazón y le hace andar flojo y tibio en los ejercicios a que está obligado».

[13] Lo que hace falta es desear la perfección, y adoptar los medios necesarios para alcanzarla. Escribe santa Teresa: «El demonio ha gran miedo a ánimas determinadas, que tiene ya experiencia le hacen gran daño». Este es el oficio de la oración mental, saber buscar los medios que más directamente conducen a la perfección. Hay algunos que consumen grandes horas en oración, pero no concretan nada. Decía la misma santa: «Yo la querría la oración más breve que produzca fruto que la de muchos años que nunca acabó de determinarse más a lo postrero que a lo primero, a hacer cosa que sea nada por Dios». Y en otro pasaje añade: «Ya tengo experiencia en muchas, que si me ayudo al principio a determinarme a hacer lo que, siendo por solo Dios, hasta en comenzarlo quiere, para que más merezcamos, que el alma sienta aquel espanto, y mientras mayor, si sale con ello, mayor premio y más sabroso se hace después».

[14] La primera resolución ha de ser determinarse a morir antes que cometer un pecado deliberado, por leve que sea. Es cierto que, por más esfuerzos que hagamos, sin la gracia y favor de Dios, no

alcanzaremos victoria sobre las tentaciones; pero también es verdad que Dios espera que hagamos por nuestra parte algún esfuerzo para intervenir Él después con su gracia, que, ayudando a nuestra flaqueza, nos sacará victorioso. Esta determinación, al par que desbarata cuantos tropiezos halla en nuestro camino, nos da mucho ánimo, porque nos certifica hallarnos en la amistad divina. San Francisco de Sales afirmaba: «La mayor seguridad que podemos tener de hallarnos en esta vida en gracia de Dios no consiste precisamente en que sintamos amor por Él, sino en el sincero y total abandono de todo nuestro ser en sus manos, y en la inquebrantable resolución de no consentir jamás en ningún pecado, sea leve, sea grave». A esto llamamos ser delicados de conciencia. Adviértase aquí, de paso, que una cosa es ser delicado de conciencia y otra ser escrupuloso. Ser delicado de conciencia es necesario para santificarse, pero ser escrupuloso es defecto que causa no pocos perjuicios, por lo que se impone obedecer al director espiritual y dominar los escrúpulos, que no son sino vanas e irrazonables aprensiones.

[15] Es necesario, en segundo lugar, decidirse a escoger lo más perfecto, no solo lo que agrada a Dios, sino también lo que es de su mayor agrado. Decía san Francisco de Sales: «Hay que comenzar por una seria y determinada resolución de hacer a Dios total entrega de nosotros, protestando que en lo venidero queremos ponernos del todo en sus manos, renovando a tiempo esta misma determinación». San Andrés Avelino hizo voto de adelan-

tar a diario en la perfección. Escribe san Lorenzo Justiniano: «Cuando uno camina de veras por el camino de la perfección, siente más hambre de proseguir adelante, y, al paso que va creciendo en la perfección, siente más hambre de ella, porque, siendo más fuertes los rayos de la divina luz, le parece que no tiene virtud alguna ni hace cosa de provecho; y si por ventura cree haber hecho algo bueno, lo halla cargado de imperfecciones y todo le parece poco. De aquí que de continuo trabaje el alma para lograr la perfección, sin pararse nunca ni decir basta».

[16] Lo que hagas, hazlo pronto y no lo dejes para mañana. ¿Quién sabe si mañana tendrás tiempo de hacerlo? Advierte el Eclesiastés: «Lo bueno que puede hacer tu mano, hazlo presto, y no lo difieras para mañana, puesto que ni obra, ni pensamiento, ni sabiduría, ni ciencia ha lugar en el sepulcro al que van corriendo» (Qo 9,10) porque en la otra vida se acabó el tiempo del bien obrar y merecer; ni hay sabiduría para hacer el bien ni prudencia para bien gobernarse, ya que, una vez muerto, lo hecho, hecho está. Aconteció que una religiosa del monasterio de la Torre de los Espejos en Roma, llamada sor Buenaventura, llevaba una vida de tibieza cuando fue a predicar los ejercicios espirituales a la comunidad el religioso P. Lancicio, y sor Buenaventura, que no deseaba salir del estado de tibieza, comenzó de mala gana a escuchar los sermones. Pero en el primero se apoderó de ella la divina gracia con tal ímpetu, que acudió rápidamente a los pies del padre y le dijo muy resueltamente:

«¡Padre, quiero santificarme y pronto!». Cosa que llevó a cabo con el auxilio divino, pues vivió solo unos ocho meses, pero en ese poco tiempo vivió y murió como una verdadera santa.

[17] David decía: «Y dije: Ahora empiezo» (Sal 77,11). Glosando san Carlos Borromeo estas palabras, exponía: «Hoy comienzo a servir a Dios». Y así tenemos que hacer, como si en lo pasado no hubiéramos hecho bien alguno, porque todo cuanto por Dios hacemos es nada, dado que todo estamos obligados a hacerlo por Él. Decidámonos cada día a comenzar a ser todo de Dios; no nos detengamos a mirar lo que hacen los demás ni cómo lo hacen, pues se pueden contar los que de verdad se dan a la santidad. De san Bernardo es esta sentencia: «Lo perfecto siempre es raro». Si queremos seguir al común de los hombres, seremos siempre imperfectos, como ellos lo son por regla general. Santa Teresa decía: «¡Donosa manera de buscar amor de Dios!... Así que, porque no se acaba de dar junto, no se nos da por junto este tesoro». ¡Oh Dios, y qué poco es cuanto se hace por Jesucristo, quien por nuestro amor nos dio sangre y vida! Y añadía la santa: «Es todo asco cuanto podemos hacer, en comparación de una gota de sangre que el Señor por nosotros derramó». Los santos nada perdonaron cuando se trataba de complacer a un Dios que se ha dado por completo a nosotros, sin reserva alguna, para obligarnos a no reservarle nada. Escribe san Juan Crisóstomo: «Se te dio por entero, sin reservarse nada para sí». Pues, si Él se dio por completo a nosotros, no es razón que andemos con reservas para con Él.

«Y por todos murió –dice el apóstol–, para que los que viven no vivan ya para sí mismos, sino para aquel que por ellos murió y resucitó» (2Cor 5,15).

[18] *El tercer medio para hacerse santo es la oración mental.*

Escribe Juan Gerson: «Quien no medita las verdades eternas, sin un milagro no puede vivir como cristiano». Y la razón es porque sin la oración mental falta la luz y se camina a oscuras. Las verdades de la fe no se ven con los ojos corporales, sino con los del alma, y precisamente en la meditación. Quien no las medita no las ve, y por eso camina a tientas y, envuelto así en tinieblas, fácilmente se aficionará a las cosas de aquí abajo, con desprecio de las eternas. Santa Teresa escribía al obispo de Osma: «Aunque a nuestro parecer no haya imperfecciones en nosotros, cuando Dios abre los ojos del alma, como en la oración lo suele hacer, parécense bien estas imperfecciones». Y antes escribió san Bernardo que quien no medita no se aborrece, porque no se conoce. La oración, prosigue el santo, gobierna los afectos de nuestro corazón y encamina hacia Dios nuestras obras; pero, sin meditación, se inclinan hacia la tierra nuestros afectos, tras ellos van las obras, y todo anda en desorden.

[19] Es terrible el caso que se lee en la vida de la venerable sor María Crucificada de Sicilia. Estando la sierva de Dios en oración, oyó a un demonio que alardeaba de haber hecho abandonar a cierta religiosa la meditación de regla, y vio en espíritu que, después de esta falta, la tentaba el demonio

a cometer una falta grave, y que la religiosa estaba a punto de sucumbir. Voló ella a su socorro, la amonestó y la sacó del peligro. Santa Teresa decía que el alma que abandona la oración no tardará en convertirse en bestia o en demonio.

[20] Por tanto, quien deja la oración dejará de amar a Jesucristo. La oración es la feliz hoguera en que se enciende y conserva el fuego del santo amor. Santa Catalina de Bolonia decía: «Quien no frecuenta la oración, se priva del lazo que une al alma con Dios, por lo que no será difícil que el demonio, hallando al alma fría en el amor divino la arrastre a cebarse en cualquier emponzoñada manzana». Por el contrario, decía santa Teresa: «Si persevera en la oración, por pecados, y tentaciones, y caídas de mil maneras que ponga el demonio, en fin, tengo por cierto que la saca el Señor a puerto de salvación, como, a lo que ahora parece, me ha sacado a mí». Y en otro pasaje afirma: «El que no deja de andar e ir adelante, aunque tarde, llega. No parece es otra cosa perder el camino sino dejar la oración». E insiste otra vez: «¡Y qué bien acierta el demonio, para su propósito, en cargar aquí la mano! Sabe el traidor que el alma que tenga con perseverancia oración, la tiene perdida, y que todas las caídas que le hace dar la ayudan, por la bondad de Dios, a dar después mayor salto en lo que es su servicio: algo le va en ello». ¡Cuántos bienes se recolectan en la oración! En ella se conciben santos pensamientos, se encienden afectos devotos, se fortalecen grandes deseos y se forman propósitos inquebrantables de entregarse del todo a Dios;

en ella el alma sacrifica a Dios todos los afectos terrenos y todos los apetitos desordenados. Decía san Luis Gonzaga: «No habrá mucha perfección donde no hubiere mucha oración». Que no echen en olvido este dicho del santo los que desean la perfección.

[21] No se ha de ir a la oración para experimentar las dulzuras del amor divino; quien este fin se proponga perdería el tiempo y sacaría escasa ventaja. El alma ha de darse a la oración solamente para agradar a Dios, es decir, solo para conocer cuál sea su voluntad y pedirle la necesaria ayuda para cumplirla. El venerable D. Antonio Torres decía: «Llevar la cruz sin consuelo hace volar al alma por el camino de la perfección». La oración desprovista de consuelos sensibles es la más provechosa para el alma. Santa Teresa decía que el alma que abandona la oración no necesita de demonios que la lleven al infierno, pues por sí misma se encamina a él.

[22] De este ejercicio de la oración procede que el alma piense siempre en Dios: «El verdadero amante en toda parte ama y siempre se acuerda del amado. Recia cosa sería que solo en los rincones se pudiese tener oración», decía santa Teresa. Y de aquí procede también que las personas de oración hablen siempre de Dios, sabiendo como saben cuánto le agrada que los amadores se deleiten en hablar de Él y del amor que les profesa, procurando de este modo inflamar a los demás en el amor divino. Escribe la misma santa: «Quiso que viese claro que a semejantes pláticas siempre se hallaba

presente, y lo mucho que se sirve en que ansí se deleiten en hablar en Él».

[23] De la oración también nace el deseo de retirarse a lugares solitarios para tratar a solas con Dios y conservar el recogimiento interior aun tratando negocios exteriores necesarios. Digo *necesarios,* o por razón del gobierno de la familia o de los ministerios que la obediencia impone; porque las personas dadas a oración deben amar la soledad y no distraerse con cosas vanas e inútiles; que es excelente medio para tener al alma unida a Dios. «Huerto cerrado eres, hermana mía, esposa» (Cant 4,12). El alma esposa de Jesucristo ha de ser huerto cerrado a toda criatura y no ha de alimentar en su corazón más pensamientos ni más negocios que de Dios y para Dios. Los corazones disipados no pueden santificarse. Los santos que tuvieron por ministerio ganar almas para Dios, aunque predicaban, confesaban, componían enemistades y asistían a enfermos, no perdían el recogimiento. Lo mismo acontece con los que andan dedicados al estudio. ¡Cuántos hay que, estudiando para hacerse sabios, no salen ni sabios ni santos, porque la verdadera doctrina es la ciencia de los santos, o sea, el saber amar a Jesucristo, mientras que encontrando el amor divino trae consigo la ciencia y todos los demás bienes! «Todos los bienes me vinieron a la vez con ella» (Sab 7,11), es decir, con la santa caridad.

El venerable Juan Berchmans tenía un apego extraordinario al estudio, pero él, con su virtud, nunca permitió que el estudio le impidiese el crecimiento espiritual. Escribió el apóstol: «No sentir de sí más altamente de lo que conviene sentir, sino sentir aspirando a un sobrio sentir» (Rom 12,3). Necesaria es la ciencia, y especialmente al sacerdote, porque debe enseñar a los demás la ley divina: «La ley de la verdad estaba en su boca... pues los labios del sacerdote guardan la ciencia, y la ley se busca en su boca, porque él es el mensajero del Señor Dios» (Mal 2,6-7). Es necesario que sepa, pero *moderadamente*. Quien por el estudio abandona la oración da pruebas de que no busca a Dios, sino a sí mismo. Quien busca a Dios, antes que dejar la oración dejará el estudio, cuando no sea tan necesario que obligue a dejar la oración.

[24] Otro mal gravísimo que nace de aquí es que sin meditación no se ora. De la necesidad de la oración ya traté en muchas de mis obras espirituales, y en especial en un libro titulado *Del gran medio de la oración,* por lo que me limitaré a decir en este capítulo algunas palabras sobre el particular. Baste solamente señalar aquí lo que el venerable obispo de Osma, Mons. Palafox dejó escrito: «¿Cómo ha de durar la caridad si no da Dios la perseverancia? ¿Cómo la dará Dios si no la pedimos? ¿Cómo la pediremos si no hay oración?... Sin la oración ni hay comunicación de Dios para conservar las virtudes adquiridas ni para adquirir las perdidas». Y en verdad que es así, pues el que no medita no advierte las necesidades de su alma, desconoce los riesgos que corre su salvación, ignora los medios que debe emplear para vencer las tentaciones, y, no entendiendo la necesidad que tiene de orar, dejará la oración y ciertamente se perderá.

[25] En cuanto a la materia de las meditaciones, no hay cosa más útil que meditar los novísimos, la muerte, el juicio, el infierno y el paraíso; pero se debe meditar especialmente la muerte, imaginándose hallarse moribundo en el lecho, abrazado al crucifijo y presto ya a entrar a la eternidad. Pero, sobre todo, para el verdadero amante de Jesucristo, que desea ir siempre adelantando en su santo amor, no hay pensamiento más eficaz que el de la pasión del Redentor. Decía san Francisco de Sales que «el monte Calvario es el monte de los amantes». Todos los amantes de Jesucristo suben a este monte, donde no se respiran más brisas que las del divino amor. En presencia de un Dios que muere por nuestro amor, y que muere porque nos ama –«Cristo nos amó y se entregó a sí mismo por nosotros» (Ef 5,2)–, imposible parece no arder en las llamas de su amor. De las llagas del Crucifijo brotan siempre saetas de amor que hieren los corazones, aunque sean más duros que la piedra. ¡Dichosa el alma que en la cumbre del Calvario tiene fija su morada! ¡Feliz montaña, amable montaña! Querido monte, ¿quién podrá alejarse de ti? ¡Monte que despides llamas que consumen a las almas que moran de continuo en ti!

[26] *El cuarto medio para la perfección y también para la perseverancia en la gracia de Dios es la frecuencia de la sagrada comunión.*

De ello hemos hablado en el capítulo segundo. Allí dijimos que un alma no puede hacer cosa de mayor agrado a Jesucristo que recibirlo a menudo en el Sacramento del altar.

Decía santa Teresa: «Ayuda más poderosa para alcanzar la perfección no encuentro yo que comulgar con frecuencia: es cosa que pone admiración cómo el Señor va perfeccionando el alma»; y añadía que, «hablando en general, las personas que más frecuentemente comulgan se ven más adelantadas en la perfección; y en aquellos monasterios se respira mejor espíritu y ambiente de perfección en los cuales más se frecuenta la sagrada comunión». Y por esto dijo Inocencio XI, en el decreto del año 1679, que la comunión frecuente y hasta cotidiana ha sido siempre alabada y recomendada por los santos padres. La Eucaristía, como dice el concilio de Trento, es remedio y medicina que nos libra de las culpas cotidianas y nos preserva de las mortales. San Bernardo dice que la comunión reprime los ímpetus de la cólera y de la incontinencia, que son las dos pasiones que más frecuente y furiosamente nos acometen. Santo Tomás afirmaba que la comunión abate las sugestiones del demonio, y san Juan Crisóstomo, finalmente, asegura que la comunión da al alma poderosa inclinación a la virtud y facilidad grande en practicarla, y a la vez que le infunde una paz interior que le convierte en fácil y deleitoso el camino de la perfección. Pero, sobre todo, ningún sacramento inflama tanto al alma en amor divino como la sagrada Eucaristía, donde Jesucristo se da por entero a nosotros y nos estrecha a Él con cadenas de amor. De ahí que dijera el venerable Juan de Ávila: «Mas ¿qué diremos? Que hay hombres que, sin ver la conciencia de los que se llegan a comulgar, juzgan y dicen que es malo, y lo murmuran. Estos tales el oficio del diablo tienen, aborrecedores y estorbadores de las obras de Dios». En efecto, el demonio aborrece sobre todo encarecimiento este sacramento, del que reportan las almas fuerzas extraordinarias para adelantar en el amor divino.

[27] Para comulgar bien es necesario acudir convenientemente preparados. La primera preparación remota, para poder comulgar a diario o más de una vez en semana, consiste en:

1. Abstenerse de toda falta deliberada, es decir, cometida a ojos abiertos.
2. Hacer mucha oración mental.
3. Mortificar los sentidos y las pasiones.

Enseñaba san Francisco de Sales en su *Filotea* que «se puede conceder la comunión diaria a quien ha vencido la mayor parte de sus malas inclinaciones y adquirido rico caudal de perfección». El angélico santo Tomás es del parecer que bien puede comulgar diariamente quien por experiencia sabe que comulgando se le aumenta el fervor de la caridad. Por lo que decía Inocencio XI en el citado decreto que al confesor corresponde determinar la mayor o menor frecuencia en el comulgar, siguiendo para ello, como norma segura el mayor o menor provecho que de este manjar saca el alma encomendada a su dirección.

La preparación próxima a la comunión es la que se hace el mismo día en que se comulga, y consiste en hacer media hora por lo menos de oración mental.

[28] Para obtener gran fruto de la comunión es necesaria una larga acción de gracias. Decía el

padre Juan de Ávila que el tiempo después de la comunión es «tiempo de ganar tesoros de gracias». Santa María Magdalena de Pazzi decía que no hay tiempo más a propósito para inflamarse en santo fuego de caridad como el que sigue a la comunión. Y santa Teresa escribió: «No suele Su Majestad pagar mal la posada si le hacen buen hospedaje... Estaos vos con Él de buena gana; no perdáis tan buena sazón de negociar como es la hora después de haber comulgado».

[29] Almas pusilánimes hay que, cuando el confesor las exhorta a comulgar más a menudo, responden: «Pero... si yo no soy digna...». Pero ¿no sabes que, mientras menos veces comulgues, más indigna te haces de ese divino manjar, porque, no comulgando, los defectos crecen y disminuyen las fuerzas? ¡Ánimo, pues! Obedece a tu director y déjate guiar por él, que las imperfecciones, cuando no son voluntarias, no estorban el comulgar, mayormente cuando el principal defecto está en no someterte a lo que te ordena el padre espiritual.

[30] *Pero yo en el pasado llevé una mala vida.* ¿E ignoras, te respondo, que quien más necesitado está de la medicina y del médico es precisamente quien se hallare más enfermo? Jesús en el sacramento es médico y medicina. Oye a san Ambrosio: «Yo, que siempre peco, debo tener siempre a punto el remedio». Dirás: «Lo creo, pero el confesor no me manda comulgar más a menudo». Pues si él no te lo manda, pídele tú permiso para ello, y si te lo niega, obedece y, entre tanto, no dejes de recabar su

licencia. —«Padre, pero esto suena a soberbia». Lo sería si quisieras comulgar contra su parecer, pero no cuando se lo suplicas humildemente, porque este pan celestial reclama que se tenga hambre de Él. Jesús quiere ser deseado, tiene sed de que estemos sedientos de Él, como dice un devoto autor. Este solo pensamiento de «hoy comulgué y mañana voy a comulgar», trae al alma en vela para huir de los defectos y cumplir en todo la divina voluntad. —«Pero, si no tengo fervor...». Si hablas del fervor sensible, no te es necesario, ni Dios lo da siempre aun a sus almas predilectas; basta que tengas el fervor que supone una voluntad resuelta a entregarse del todo a Dios e ir creciendo en el amor divino. Dice Juan Gersón que quien se abstiene de la comunión porque no siente la devoción que desearía tener, se asemeja al que no se acerca al fuego para no sentir calor.

[31] ¡Cuántas almas, Dios mío, por no obligarse a vivir vida más recogida y desprendida de las cosas terrenas, dejan de comulgar con frecuencia, no siendo otra la causa de que no comulguen más a menudo! Se dan cuenta de que con la comunión frecuente no se compadece el ansia de aparentar, la vanidad en el vestir, la gula, las comodidades y la frivolidad de las conversaciones, y por eso se avergüenzan de acercarse frecuentemente a los altares. Cierto que tales almas hacen bien en abstenerse de la comunión frecuente, pues se hallan en tan miserable estado de tibieza, pero están obligadas a salir de tal tibieza quienes, llamadas a vida más perfecta, no quieran arriesgar gravemente su eterna salvación.

[32] Ayuda también mucho para conservar en el alma el fervor el hacer muchas veces al día la comunión espiritual, tan recomendada por el concilio de Trento, que exhorta a todos los fieles a practicarla. La comunión espiritual, como dice santo Tomás, consiste en ardiente deseo de recibir a Jesucristo en el Santísimo Sacramento; por ello los santos acostumbraban a renovarla diaria y frecuentemente. El modo de hacerla es decir: «Creo, Jesús mío, que estáis en el Santísimo Sacramento; os amo y deseo recibiros; venid a mi alma, os abrazo y os ruego que no permitáis vuelva jamás a abandonaros». Y más breve aún: «Venid a mí, Jesús mío; os deseo, os abrazo y os suplico que estemos unidos siempre». Esta comunión espiritual se puede practicar a menudo al día, cuando se reza, cuando se visita al Santísimo Sacramento y especialmente cuando se oye la santa misa, sobre todo al comulgar el sacerdote. Decía la beata Águeda de la Cruz, dominica: «Si el confesor no me hubiera enseñado este modo de comulgar varias veces al día, no acertaría a vivir».

[33] *El quinto medio, y el más necesario para la vida espiritual y para adquirir el amor de Jesucristo es el de la oración.*

Digo, en primer lugar, que Dios, al poner en nuestras manos este medio, nos da a conocer el gran amor que nos profesa. ¿Qué mayor prueba de amor puede testimoniar un amigo a otro que decirle: «Pídeme, amigo mío, cuanto desees, que yo te lo otorgaré»? Pues esto es lo que nos dice el Señor: «Pedid, y se os dará, buscad, y hallaréis»

(Lc 11,9). Por donde se ve que la oración se llama omnipotente ante Dios para alcanzar toda suerte de bienes. «La oración, a pesar de ser una, lo puede todo» escribió Teodoreto. El que reza obtiene de Dios cuanto quiere. Hermosas son las palabras de David: «Bendito sea Dios, que no apartó mi súplica ni su misericordia alzó de mí» (Sal 65,20). Glosando san Agustín este pasaje, dice: «Si de tu parte no falta la oración, ten por cierto que tampoco faltará la misericordia divina». Y san Jerónimo añade: «Siempre se alcanza algo, hasta el momento de pedir». Cuando oramos al Señor, antes de terminar la oración ya Él nos tiene concedido lo que le pedimos; por tanto, si somos pobres, no nos quejemos de nosotros mismos, porque lo somos porque nos empeñamos en ello, y de ahí que no merezcamos compasión. ¿Qué compasión puede merecer un mendigo que, teniendo un señor sobrado rico, que desea otorgarle cuanto le pida, nada le pide, prefiriendo quedar en su pobreza antes de pedir al señor lo que le es tan necesario? Pues bien, dice el apóstol: «Rico es el Señor para todos los que le invocan» (Rom 10,12).

[34] La oración del humilde lo alcanza todo de Dios, pero no olvidemos que no solo es útil, sino también necesaria para salvarnos. Cierto que sin el favor divino es imposible triunfar de las tentaciones del enemigo; a las veces, y en asaltos más duros, pudiera bastarnos la gracia suficiente que Dios nos concede; pero por nuestras perversas inclinaciones no nos bastará y tendremos necesidad de una gracia especial, que no la alcanza quien no la pide,

viniendo así a perderse por no rezar. Y hablando singularmente de la gracia de la perseverancia final, o sea de la gracia de morir en la amistad de Dios, gracia absolutamente necesaria para salvarnos, y sin la cual estaremos perdidos para siempre, dice san Agustín que «Dios no la concede sino a quienes se la piden». Por esto son tan contados los que se salvan, porque contados son también quienes se cuidan de pedir a Dios esta gracia de la perseverancia.

[35] En suma, dicen los santos padres que la oración es necesaria, no solo de necesidad de precepto –de suerte que, según los doctores, incurre en pecado mortal el que en el plazo del mes no encomienda a Dios su eterna salvación–, sino también es necesaria de necesidad de medio; es decir, que sin oración es imposible salvarse. La razón es harto sencilla: porque sin el auxilio de la divina gracia es imposible alcanzar la salvación, y este auxilio Dios solamente lo concede al que se lo pide; y como las tentaciones y peligros de caer en desgracia de Dios son continuos, continua ha de ser también nuestra oración. Por eso escribió santo Tomás que, si quiere el hombre entrar en el cielo, ha de ser por medio de la continua oración. Y ya antes lo había dicho Jesucristo: «Es menester siempre orar y no desfallecer» (Lc 18,1), y después el apóstol: «Orad sin cesar» (1Tes 5,17), porque en el punto mismo en que dejemos de encomendarnos a Dios, el demonio nos vencerá. La gracia de la perseverancia es cierto que no la podemos merecer, como enseña el concilio de Trento, y, con todo, la podemos merecer en cierto

sentido, como dice san Agustín, si insistimos en la oración. El Señor nos quiere dispensar sus gracias, pero quiere que se las pidamos, y hasta, como dice san Gregorio, quiere ser importunado y como forzado por nuestros ruegos. Santa María Magdalena de Pazzi decía que cuando pedimos mercedes a Dios, no solo nos escucha, sino que, en cierta manera, nos lo agradece. Y, en efecto, siendo Dios bondad infinita, que suspira por comunicarse, tiene, por decirlo así, infinito deseo de comunicarse a los demás, pero quiere que le pidamos esos bienes, y cuando se ve importunado por un alma, es tanto el gozo que recibe, que en cierto modo le queda obligado.

[36] Si queremos, pues, perseverar hasta la muerte en la gracia de Dios, es menester que hagamos el oficio de mendigos y tengamos siempre la boca abierta pidiendo a Dios su auxilio, replicando siempre: Jesús mío, misericordia; no permitas que tenga la desgracia de separarme de ti; Señor mío, asísteme; Dios mío, ayúdame. Esta era la continua oración que practicaban los antiguos Padres del desierto: «Dios mío, ven en mi ayuda; Señor, date prisa en socorrerme» (Sal 69,2). Ayúdame, Señor, y hazlo presto, porque, si te demoras, sucumbiría y me perdería. Y esto es necesario hacerlo especialmente en el tiempo de la tentación; quien no lo hace así, está perdido.

[37] Tengamos gran confianza en la oración, pues Dios prometió escuchar a quien le ruega: «Pedid, y recibiréis» (Jn 16,24). ¿A qué dudar, dice san Agustín, si Dios, empeñando su palabra, se hizo nuestro

deudor y no puede dejar de otorgarnos las gracias que le pidamos? Cuando encomendamos a Dios nuestras necesidades, es necesario que tengamos confianza cierta de ser escuchados y de alcanzar cuanto pedimos. Es palabra de Jesucristo: «Todo lo que pidáis en la oración, creed que lo conseguiréis y se os concederá» (Mc 9,24).

[38] «Pero yo soy pecador», alguien dirá, *«y no merezco* ser escuchado». Pero Jesucristo le responde: «Todo el que pide, recibe» (Lc 11,10): todo el que busca, obtiene; cualquiera, sea justo o pecador. Enseña santo Tomás que la eficacia de la oración para recabar gracias de Dios no estriba en nuestros méritos, sino en la misericordia de Dios que ha prometido escuchar a quien le pide. Y nuestro Salvador, para quitarnos todo temor cuando oramos, nos dice: «En verdad, en verdad os digo si alguna cosa pedís al Padre, os la concederá en mi nombre» (Jn 16,23); como si dijese: Vosotros, pecadores, no tenéis título alguno para alcanzar las divinas mercedes, pero haced esto: cuando queráis alcanzar gracia, pedídsela al Padre en mi nombre, esto es, por mis merecimientos y por el amor que me tiene; pedidle cuanto queráis y os lo concederá todo. Pero recordemos que la expresión *en mi nombre,* es decir, como explica santo Tomás, *en el nombre del Salvador,* es decir, que las gracias que pedimos han de ser ordenadas a la salvación eterna; por lo que será bueno advertir que la promesa no se hizo a las cosas temporales; estas, cuando son útiles a la salvación eterna, Dios nos las concede o no nos las concede, por lo que las gracias temporales

hemos de pedirlas siempre condicionadamente, es decir, si son conducentes al bien del alma. En cambio, cuando se trata de gracias espirituales, no se exige más condición que la confianza, y la confianza firme, repitiendo: Padre Eterno, en nombre de Jesucristo, líbrame de esta tentación, dame la santa perseverancia, dame tu amor, dame el paraíso. Estas gracias también se las podemos pedir a Jesucristo en su mismo nombre, es decir, por sus merecimientos, pues también en este sentido nos prometió escuchar: «Si algo pidiereis en mi nombre, yo lo haré» (Jn 14,14). Cuando oremos a Dios, no nos olvidemos de encomendarnos también a la dispensadora de las gracias, María. Dice san Bernardo que Dios es quien da la gracia, pero la concede por manos de María: «Busquemos, pues, la gracia, y busquémosla por María, porque lo que se busca se encontrará, y la oración no puede quedar frustrada». Si María ruega también por nosotros, estemos seguros de ser atendidos, porque sus ruegos son siempre atendidos y no pueden tener repulsa.

Afectos y plegarias

¡Oh Jesús mío!, quiero amarte cuanto pueda y hacerme santo, y lo quiero para darte gusto y amarte mucho en esta y en la otra vida. Nada puedo, pero tú lo puedes todo y sé que me quieres santo. Siento ya que, por un efecto de tu gracia, mi alma suspira por ti y a nadie busca sino a ti. No quiero seguir viviendo para mí; tú me deseas todo tuyo y yo quiero darme por entero a ti. Ven y úneme a ti y únete tú a mí; tú eres bondad infinita, que con tanto amor me ha distinguido; eres amante excesivo y amable sobre cuanto se puede encarecer. ¿Cómo, pues, podré amar otra cosa fuera de ti? Prefiero tu amor a todas las cosas creadas; tú eres el único objeto, el dueño único de todos mis afectos. Renuncio a todo para no tener más ocupación que amarte a ti solo, mi Creador, Redentor mío, consuelo, esperanza, amor mío y mi todo.

No desconfío de llegar a la santidad, a pesar de mis ofensas pasadas, pues reconozco que, si has muerto, ha sido para perdonar al pecador que se arrepiente. Te amo ahora con toda mi alma, te amo de todo corazón, te amo más que a mí mismo y me arrepiento sobre todo otro mal de haberte disgustado a ti, sumo bien.

Ya no soy mío, sino tuyo; dispón de mí, ¡oh Dios de mi corazón!, como te plazca. Acepto, para agradarte, cuantas tribulaciones quieras enviarme, enfermedades, dolores, angustias, ignominias, pobreza, persecuciones y desconsuelos; todo lo acepto para complacerte. Acepto también la muerte que quieras enviarme, con todas las congojas y cruces que la han de acompañar; me basta que me concedas la gracia de amarte con todo corazón. Ayuda y fuerza te pido para que pueda reparar, en lo que me quede de vida, las amarguras que en lo pasado te causé, único amor del alma mía.

¡Oh Reina del cielo y Madre de Dios, abogada poderosa de los pecadores, en ti confío!

Capítulo 9

Quien ama a Jesucristo no se engríe por sus buenas cualidades, sino que se humilla y se complace en verse humillado por los demás

La caridad no se engríe

[1] El soberbio es como un globo henchido de aire, que se considera a sí mismo algo muy grande, aun cuando, en realidad, toda su grandeza se reduzca a un poco de viento, que, roto el globo, se desvanece súbitamente. Quien ama a Dios es verdaderamente humilde y no se engríe con sus cualidades personales, porque sabe que cuanto tiene, todo es don de Dios, y si algo tiene de sí es la nada y el pecado. Por consiguiente, cuanto más señaladas mercedes recibe de Dios, más se humilla, viéndose tan indigno y tan favorecido por Él.

[2] Santa Teresa, hablando de las gracias especiales que Dios le había hecho, decía: «Dios se las ha conmigo como se hace con una casa, que se la apuntala cuando amenaza ruina». Cuando el alma recibe la amorosa visita de Dios, sintiendo en sí

ardores extraordinarios de caridad, acompañados de lágrimas y de gran ternura de corazón, se guarda muy bien de creer que todo ello es recompensa y premio de sus buenas obras, se humilla entonces más y tiene por cierto que, si Dios la regala, es para que no le abandone. De lo contrario, si por tales mercedes se levantasen en el alma humos de vanidad, juzgándose más favorecida, porque es más fiel que las demás en el servicio de Dios, esta falta de humildad sería suficiente para privarla de tales favores. Para que se conserve la casa son necesarias dos cosas, los cimientos y el techo; los cimientos deben ser para nosotros la humildad, reconociendo que nada valemos ni nada podemos, y el techo, la divina protección, en la cual tan solo hemos de confiar.

[3] Mientras más favorecidos nos veamos de Dios, más nos debemos humillar. Santa Teresa, cuando recibía una gracia especial, traía a la memoria sus pasadas culpas, y el Señor entonces la unía a sí con más estrecho lazo de amor, porque, cuando el alma se confiesa más indigna del favor divino, tanto más la enriquece Dios de sus gracias. Tais, primero pecadora y luego santa, se humillaba tanto ante Dios, que se creía indigna hasta de nombrarlo, por lo que no se atrevía a decir «Dios mío», sino que decía: «Creador mío, ten piedad de mí». Y escribe san Jerónimo que, debido a tal humildad, le preparaban en el cielo un magnífico trono. Igualmente se lee en la vida de santa Margarita de Cortona que, visitándola cierto día el Señor con mayores ternuras de amor que las acostumbradas,

ella se puso a exclamar: «Pero ¿cómo, Señor, te has olvidado de lo que he sido? ¿Cómo me pagas con tantas finezas las injurias que te he hecho?». Y Dios le respondió que, cuando el alma le ama y se arrepiente sinceramente de haberle ofendido, Él se olvida de todas las ofensas recibidas, como había dicho por Ezequiel: «Si el malvado se aparta de todos los pecados que ha cometido, observa todos mis preceptos y practica el derecho y la justicia, vivirá, sin duda no morirá. Ninguno de los crímenes que cometió se le recordará más; vivirá a causa de la justicia que ha practicado» (Ez 18,21-22). Y en prueba de esto le hizo ver el trono que le tenía aparejado en el cielo, rodeado de serafines. ¡Ojalá llegáramos a comprender el valor de la humildad! Un acto de humildad vale más que la conquista de todas las riquezas del mundo.

[4] Decía santa Teresa: «Vuestro entender, hijas, si estáis aprovechadas, será en si entendiere cada una es la más ruin de todas, y esto que se entienda en sus obras que lo conoce así»; y así lo hacía la santa y así lo hacían todos los santos. San Francisco de Asís, santa María Magdalena de Pazzi y el resto de los santos se tenían por los mayores pecadores del mundo, y se extrañaban de que la tierra los sostuviese y no se abriera para tragarlos, y esto lo decían de todas veras. Hallándose próximo a la muerte el venerable Juan de Ávila, que vivió desde pequeñito vida santa, se acercó a él un sacerdote para asistirlo y le sugería cosas muy elevadas y sublimes, tratándolo como a gran siervo de Dios y persona docta como era; pero el P. Ávila exclamó: «Le ruego,

padre, me asista como a un criminal condenado a muerte, pues no soy otra cosa». Tal es el concepto que en vida y en muerte tienen de sí los santos.

[5] Así debemos obrar también nosotros si queremos salvarnos y conservarnos en gracia de Dios hasta la muerte, poniendo en Él solamente nuestra confianza. El soberbio se fía de sus fuerzas, y por eso cae; pero el humilde, porque solo confía en Dios, aunque le asalten las más vehementes tentaciones, se mantiene firme y no sucumbe, diciendo siempre: «Todo lo puedo en aquel que me conforta» (Flp 4,13). El demonio una vez nos tienta de presunción, otra de desconfianza; cuando nos asegura que no hemos de temer las caídas, entonces es cuando hemos de temer, porque, si el Señor dejara un solo instante de socorrernos con su gracia, entonces es cuando estaríamos perdidos. Y cuando nos tiente de desesperación, poniendo los ojos en Dios, hemos de decirle: «En ti, Señor, esperé, no quedaré confundido para siempre» (Sal 30,2). Dios mío, en ti he puesto toda mi confianza; espero no verme confundido y privado de la divina gracia. Estos actos de desconfianza en nosotros mismos y de confianza en Dios hemos de ejercitarlos hasta el último instante de nuestra vida, rogando siempre al Señor que nos dé la santa humildad.

[6] Pero, para ser humildes, no basta sentir un bajo concepto de sí y tenerse por miserable; el verdadero humilde, dice Tomás de Kempis, se desprecia a sí mismo y desea ser despreciado por los demás. Esto fue lo que Jesucristo con tanto encarecimiento nos

recomendó que hiciéramos, siguiendo su ejemplo:
«Aprended de mí, pues soy manso y humilde de
corazón» (Mt 11,29). Quien va diciendo que es el
mayor pecador del mundo y después se enfada con
los demás que lo desprecian, da indicios de que
solo es humilde de palabra, pero no de corazón.
Escribe santo Tomás de Aquino que, cuando uno
se ve despreciado, si se resiente, por más milagros
que haga, téngase por cierto que anda muy lejos
todavía de la perfección. La divina Madre ordenó
a san Ignacio que instruyese en la humildad a santa
María Magdalena de Pazzi, y el santo le dijo: «La
humildad consiste en gozarse de cuanto redunda en
nuestro propio desprecio». Obsérvese que dice *gozarse*, porque aun cuando la parte inferior se resista
cuando nos desprecian, por lo menos en espíritu
debemos alegrarnos.

[7] Y ¿cómo es posible que el alma que ama a
Jesucristo no se goce en los desprecios, viendo a
su Dios aguantando las bofetadas y salivas que en
su rostro recibió durante su pasión? «Entonces le
escupían a la cara y le daban bofetadas en el rostro
y otros le golpeaban» (Mt 26,67). Al considerar
esto, ¿cómo podrá dejar de amar los desprecios?
Con este fin quiso nuestro Redentor que fuese expuesta en nuestros altares su imagen, no ya en forma gloriosa, sino crucificada, para que tuviésemos
siempre ante los ojos sus desprecios, ante los cuales
los santos se gloriaban viéndose despreciados en
esta tierra. Esta fue la petición que san Juan de la
Cruz dirigió a Jesucristo cuando se le apareció con
la cruz a cuestas: «Señor, padecer y ser despreciado

por ti». Viéndote a ti, Señor, despreciado, por amor mío, no te pido más que padecer y ser despreciado por tu amor.

[8] Decía san Francisco de Sales: «El soportar los oprobios es la piedra de toque de la humildad y de la verdadera virtud». ¿Qué decir de una persona que pasa por espiritual, hace oración, comulga frecuentemente, ayuna y se mortifica, y, a vuelta de todo eso, no puede soportar una afrenta ni una palabrilla punzante? Que es una caña hueca, vacía de humildad y de virtud. Y ¿qué sabrá hacer el alma amante de Jesucristo si no sabe afrontar una afrenta por el amor de quien tantas afrontó por ella? En la *Imitación de Cristo* escribió Kempis: «Pues tanto horror tienes a las humillaciones, señal es de que no estás muerto al mundo, ni eres humilde, ni tienes a Dios ante los ojos. Quien no tiene siempre ante la vista a Dios, a la menor palabra de censura se turba». No tienes valor para sufrir por Dios bofetadas y heridas; soporta al menos cualquier palabra.

[9] ¡Qué admiración y escándalo no causa la persona que comulga frecuentemente y luego se turba e irrita por una palabra despectiva! Por el contrario, ¡cómo edifica el alma que a los desprecios responde con palabras bondadosas, para aplacar al ofensor, o no responde ni se lamenta con los demás, sino que permanece con rostro sereno, sin rastro de amargura! Dice san Juan Crisóstomo que el humilde es útil para sí y para los demás, por el buen ejemplo que les da de mansedumbre en los desprecios.

Tomás de Kempis, volviendo sobre esta materia, indica muchas ocasiones en las cuales debemos humillarnos. Dice así: «Lo que dicen los otros será oído; lo que dices tú será contado por nada; pedirán los otros, y recibirán; pedirás tú, y no conseguirás. Los demás serán ensalzados en boca de los hombres, y de ti nadie dirá nada; a los otros se encomendará esto o aquello, y a ti no se te tendrá por útil para nada. Por estas pruebas hace Dios pasar a sus siervos, para ver hasta dónde llega el renunciamiento propio y la confianza en Él. Por eso gemirá a las veces la naturaleza, y no hará poco si sufriere callando».

[10] Decía santa Juana de Chantal: «Humilde es de verdad quien, viéndose humillado, se humilla más». Sí, porque el verdadero humilde nunca piensa que es humillado más de lo que merece. Jesucristo llama bienaventurados a los que así obran. No lo son, en cambio, a quienes el mundo estima, honra y alaba por nobles, doctos o poderosos; para los maldecidos, perseguidos y calumniados del mundo, para quienes todo lo sufren pacientemente, está reservada gran recompensa en el paraíso: «Bienaventurados seréis cuando os injurien y persigan y digan con mentira toda clase de mal contra vosotros por mi causa. Alegraos y regocijaos, porque vuestra recompensa será grande en los cielos, pues de la misma manera persiguieron a los profetas anteriores a vosotros» (Mt 5,11-12).

[11] Principalmente debemos practicar la humildad cuando nuestros superiores u otro cualquiera

nos corrijan de un defecto. Personas hay que se parecen a los erizos: mientras no se les toca, parecen apacibles y mansos; pero en cuanto les toca un superior o un amigo amonestándoles de algo mal hecho, enseñan todas las púas y responden con resentimiento que no es verdad, que han tenido razón, y que no había por qué amonestarles de aquella manera; en resumen miran como a enemigo a quien les reprende, imitando a quienes se irritan contra el cirujano porque les hace sufrir al curarles la llaga. Esto es airarse contra quien le hace la cura, dice san Bernardo. El hombre santo y humilde, dice san Juan Crisóstomo, cuando le corrigen, llora el error cometido, al paso que el soberbio llora también, pero llora porque aparece su defecto; por eso pierde la serenidad y por eso responde y se revuelve contra el que lo amonesta. He aquí la excelente regla de conducta que dio san Felipe Neri para cuando uno se vea acusado: «El que verdaderamente quiera hacerse santo –decía–, jamás debe excusarse, aun cuando sea falsa la inculpación que se le hiciere». Solamente esta regla padece una excepción, y es cuando la defensa se juzga necesaria para atajar el escándalo. ¡Qué de méritos atesora ante Dios el alma que es reprendida y, aun cuando sea injustamente, guarda silencio y no se defiende! «Más levanta una cosa de estas a las veces, decía santa Teresa, que diez sermones..., porque se comienza a ganar libertad y no se da más que digan mal que bien, antes parece es negocio ajeno».

Afectos y plegarias

¡Oh Verbo encarnado!, te ruego por los méritos de tu santa humildad, que te hizo abrazar tantas injurias e ignominias por amor nuestro, que me libres de la soberbia y me des parte en tu humildad y mansedumbre. Y ¿cómo puedo quejarme de los oprobios habiendo sido tantas veces reo del infierno? Jesús mío, por los méritos de los desprecios sufridos en tu Pasión, dame la gracia de vivir y morir humillado en esta tierra, como tú viviste y moriste humillado por mí. Por amor tuyo quisiera verme despreciado y abandonado de todos, pero sin ti nada puedo.

Te amo, sumo bien mío y amor de mi alma; te amo y propongo sufrir por ti afrentas y persecuciones, traiciones, dolores, sequedades y desamparos; basta que no me abandones, único amor de mi alma. No permitas que me aparte nunca de ti.

Dame el deseo de complacerte, fervor para amarte, paz en los trabajos y en todas las adversidades, y dame resignación y paciencia.

Apiádate de mí; nada merezco, pero todo lo espero de ti, que me redimiste con tu sangre.

También lo espero todo de ti, Reina y Madre mía, María, que eres refugio de pecadores.

Capítulo 10

Quien ama a Jesucristo no ambiciona otra cosa que a Jesucristo

La caridad no es ambiciosa

[1] Quien ama a Jesucristo no busca la estima y el afecto de los hombres; su único deseo lo tiene puesto en gozar del favor de Dios, que es el objeto exclusivo de su amor. Dice san Hilario que todo honor que se recibe del mundo es negocio del diablo. Así es, porque el enemigo negocia para el infierno cuando infiltra en el alma deseo de ser estimado, pues, perdida la humildad, está a punto de precipitarse en el abismo del mal. Escribe el apóstol Santiago que así como Dios da con larga mano su gracia a los humildes, así la retira de los soberbios y les resiste: «Dios resiste a los soberbios y da su gracia a los humildes» (Sant 4,6). Al decir que Dios «resiste a los soberbios», da a entender que no presta oídos a sus oraciones. Y entre los actos de soberbia ciertamente ha de contarse el ambicionar la estima de los hombres y envanecerse con los honores de ellos recibidos.

[2] De espanto fue el ejemplo del franciscano fray Justino, que había alcanzado un subidísimo grado

de contemplación; mas porque, quizás, o sin quizás, alimentaba en el corazón deseos de ser estimado de los hombres, ved lo que le aconteció: le llamó cierto día el papa Eugenio IV y, por el gran concepto que de su elevada santidad tenía, lo abrazó y le hizo sentar a su lado. Fray Justino se envaneció por tal favor, por lo que san Juan Capistrano le dijo: «¡Ah, fray Justino, al partir eras un ángel y ahora vuelves hecho un demonio!».

Y así fue, porque, ensoberbeciéndose el miserable cada vez más, pretendiendo ser tratado cual creía merecer, llegó a matar a cuchilladas a un religioso, apostató, huyó a Nápoles y se dio a vida criminal, muriendo al fin como apóstata en una cárcel.

Por eso decía sabiamente un gran Siervo de Dios que, cuando oímos o leemos la caída de los cedros del Líbano, de un Salomón, de un Tertuliano, de un Osio, que eran por todos venerados como santos, es prueba de que estos tales no se habían dado por completo a Dios, sino que en su pecho alimentaban cierto sentimiento de soberbia, que les llevó a la prevaricación. Temblemos, pues, cuando nos veamos acometidos por la ambición de figurar y ser estimados por el mundo; y cuando el mundo nos honre, guardémonos de la vana complacencia, que puede ser origen de nuestra ruina.

[3] Guardémonos, sobre todo, de andar tras puntillos de honra. Decía santa Teresa: «Créanme una cosa, que si hay punto de honra..., aunque tengan muchos años de oración, y por mejor decir, consideración..., que nunca medrarán mucho ni llegarán

a gozar el verdadero fruto de la oración». Muchas personas hay que hacen profesión de vida espiritual, pero son idólatras de la propia estima; exteriormente aparentan mucha virtud, pero interiormente ambicionan ser loadas de todos por cuanto hacen, y si nadie las alaba, alábanse a sí mismas, queriendo aparecer mejores que las demás y si por ventura les hieren la propia honra, pierden la paz, abandonan la comunión y las demás devociones y no descansan hasta haber recobrado el buen nombre que creyeron perdido. No obran así los verdaderos amantes de Dios, pues, no contentos con huir de las palabras que redunden en propia alabanza, ni se complacen en ellas, ni siquiera se entristecen cuando los otros no los alaban, y se gozan cuando son tenidos en mal concepto por los demás.

[4] Razón le sobraba a san Francisco de Asís para decir: «Soy tan solo lo que soy ante Dios». ¿Qué importa ser tenido en mucha estima por los grandes del mundo, si ante Dios somos viles y despreciables? Y, por el contrario, ¿qué importa que el mundo nos desprecie, si somos queridos y gratos a los ojos de Dios? San Agustín escribió: «Así como el que nos alaba, no nos libra del castigo de las malas obras, de la misma manera el que nos vitupera, no nos arrebata el mérito de las buenas». «¿Qué nos importa –decía santa Teresa– ser inculpadas por las criaturas y ser tenidas por viles, si delante de Dios somos grandes y sin culpa?». Los santos únicamente anhelaban vivir desconocidos y menospreciados de todos. Escribe san Francisco de Sales: «¿Qué sinrazón se nos hace en que los demás tengan mala

opinión de nosotros? ¿Es que no la debemos nosotros tener también mala? Y es que, teniéndonos nosotros por malos, ¿pretenderemos que los demás nos tengan por buenos?».

[5] ¡Qué tranquila es la vida oculta para los que quieren amar de corazón a Jesucristo! Jesús mismo nos dio ejemplo de ello, viviendo oculto y despreciado durante treinta años en un taller. De ahí que los santos, para evitar la estima de los hombres, fueron a vivir a desiertos y a grutas. Decía san Vicente de Paúl «que el gusto de comparecer y que se hable bien de nosotros, de que se alabe nuestra conducta y se diga que en todo acertamos y que hacemos maravillas, es un mal que, haciéndonos olvidar a Dios, inficiona nuestras más puras acciones y es el vicio más dañoso a nuestro adelantamiento espiritual».

[6] El que quiera, pues, adelantar en el amor a Jesucristo, debe sacrificar en sí el amor de la estima propia. Pero ¿cómo sacrificarla? Ved aquí cómo nos lo enseña santa María Magdalena de Pazzi: «La vida del apetito de la estima propia consiste en la buena reputación que de nosotros se tiene; por tanto, la muerte de la estima propia será el ocultarse para no ser conocido de nadie; y mientras que no se llegue a dar muerte a este deseo de propia estimación, no se llegará a ser verdadero siervo de Dios».

[7] Por lo que para hacernos agradables a los ojos de Dios, hemos de guardarnos de la ambición

de parecer y ser tenidos en algo a los ojos de los hombres. Y sobre todo hemos de guardarnos de ambicionar de dominar a los demás. Santa Teresa prefería que ardiese el monasterio con todas las monjas antes de ver entrar en él tan maldita ambición y tenía ordenado que, si hubiese alguna monja con ambición de ser superiora, se la arrojase del monasterio o, al menos, se la encerrase para siempre en la cárcel. Santa María Magdalena de Pazzi decía: «La honra de la persona espiritual está en ser pospuesta a todos y en un verdadero horror a ser preferida a los demás». La ambición de un alma que ama a Dios debe ser la de superar a todos los demás en humildad, como dice san Pablo: «Nada por rivalidad ni por vanagloria, antes bien por la humildad, estimando los unos a los otros como superiores a sí» (Flp 2,3). En suma, quien ama a Dios no ha de ambicionar nada más que a Dios.

Afectos y plegarias

Jesús mío, dame la ambición de agradarte y haz que me olvide de todas las criaturas y hasta de mí mismo. ¿De qué me sirve ser amado de todo el mundo, si no soy amado por ti, único amor de mi alma? Jesús mío, tú viniste a la tierra para conquistar nuestros corazones; si no sé darte el mío, tómalo y llénalo de tu amor y no permitas que vuelva a separarme de ti. En el pasado te volví la espalda, pero ahora comprendo el mal hecho, del que me arrepiento con todo mi corazón, y no hay dolor que más me aflija que la memoria de las muchas ofensas que contra ti cometí. Mi gran consuelo es saber que eres bondad infinita, que no desdeñas amar a un pecador que te ama.

Amado Redentor mío, dulce amor de mi alma, en el pasado te desprecié, pero ahora te amo más que a mí mismo. Te ofrezco todo cuanto soy y tengo y no deseo más que amarte y complacerte. Solo esto ambiciono: recibe y aumenta esta ambición, destruyendo en mí todo deseo de bienes mundanos, porque eres soberanamente digno de ser amado y demasiados motivos me has dado, para obligarme a amarte.

Aquí me tienes, quiero ser completamente tuyo y quiero sufrir cuanto tú quieras, ya que por mi amor quisiste morir de dolor en la cruz. Tú me quieres santo y puedes hacerme santo, en ti confío.

Y confío también en tu protección, ¡gran Madre de Dios, María!

Capítulo 11

Quien ama a Jesucristo busca desprender su corazón de todo lo creado

La caridad no busca lo suyo

[1] Quien quiere amar a Jesucristo con todo su corazón, debe vaciarlo de cuanto no siendo Dios, nazca del amor propio. Esto significa *no buscar lo suyo*, olvidarse de sí para no buscar más que a Dios. Es lo que pide el Señor de cada uno de nosotros cuando nos dice: «Amarás al Señor, tu Dios, con todo tu corazón» (Mt 22,37).

Para amar a Dios de todo corazón se necesitan dos cosas: la primera, vaciarlo de todo lo terreno, y la segunda, llenarlo de su santo amor. Por lo que aquel corazón que esté poseído por un afecto terreno no puede nunca ser totalmente de Dios. Decía san Felipe Neri que todo el amor que damos a las criaturas se lo arrebatamos a Dios. Pues bien, ¿cómo se purifica el corazón de las cosas de la tierra? Con la mortificación y con el desapego de las cosas terrenas. Se lamentan algunas almas de buscar a Dios y no encontrarlo; escuchen lo que les dice santa Teresa: «Despegue el corazón de todas las cosas y busque y hallará a Dios».

[2] El engaño está en que quieren hacerse santos, pero a su modo: quieren amar a Jesucristo, pero siguiendo su natural inclinación, sin renunciar a sus diversiones, a la vanidad en el vestir, a los alimentos regalados; aman a Dios, pero, si no logran tal cargo, viven en perpetua turbación; si se les hiere en su reputación, se encienden, y si no sanan de la enfermedad, pierden la paciencia. Aman a Dios, pero no dejan el afecto por las riquezas, por los honores mundanos y por la vanidad de ser considerados nobles, sabios y mejores que los demás. Estos tales frecuentan la oración y la comunión, pero, por cuanto llevan el corazón repleto de cosas terrenas, poco es el fruto que reportan. A estos no les habla el Señor, porque da por perdidas sus palabras, como dijo precisamente a santa Teresa: «Yo hablaría a muchas almas, pero el mundo hace tanto ruido en sus oídos, que no pueden oír mi voz. ¡Oh si se separasen un poco del mundo!». Quien tenga el corazón pletórico de afectos terrenos será incapaz de oír la voz de Dios cuando le hable. Pero infeliz quien esté asido a los bienes sensibles de esta vida, pues no será difícil que, cegado por ellos, deje de amar a Jesucristo y, por no perder los bienes pasajeros de esta vida, pierda por toda una eternidad a Dios, que es bien infinito. Decía santa Teresa: «Bien viene aquí que es perdido quien tras perdido anda».

[3] Escribe san Agustín que Tiberio César quería que el Senado romano agregara también a Jesucristo entre los dioses; pero el Senado no quiso admitirlo, alegando que era un Dios soberbio, que quería dominar solo y ser adorado sin rivales.

Es verdad: Dios quiere estar solo y ser adorado y amado por nosotros, no ya por soberbia, sino porque se lo merece y por el amor que nos profesa. Como Él nos ama con infinito amor, quiere todo nuestro amor, y por ello está celoso cuando ve que otros participan de corazones que él quiere por entero para sí. «Celoso es Jesús», decía san Jerónimo, por lo que no quiere que amemos otra cosa fuera de Él. Y si ve que alguna criatura tiene parte en un corazón, en cierto sentido le tiene envidia, como escribe el apóstol Santiago, porque no sufre tener rivales en el amor, sino que Él solo quiere ser amado: «¿Creéis que en vano dice la Escritura: el Espíritu que él ha hecho habitar en vosotros tiene deseos ardientes?» (Sant 4,5). El Señor alaba a la esposa en el Cantar de los Cantares diciendo: «Huerto cerrado, hermana mía, mi esposa» (Cant 4,12). La llama huerto cerrado, porque el alma, esposa fiel, tiene cerrado el corazón a todo amor terreno, para conservar solamente el de Jesús.

¿Es que no merece Jesús todo nuestro amor? ¡Ah, sí!; sobradamente lo merece, por su bondad y por el afecto que nos profesa. Bien comprendieron esto los santos, y por eso dijo de sí san Francisco de Sales: «Si descubriese en mi alma una sola fibra que no fuese de Dios, la arrancaría al instante».

[4] Deseaba David tener alas sueltas como de paloma, es decir, estar desapegado de todo afecto terreno, para volar y descansar en Dios: «Quién me diera alas como a la paloma para volar y posarme» (Sal 54,7). Muchas almas quisieran verse libres de los lazos que las tienen cautivas a la tierra, para

volar hacia Dios, y de hecho volarían muy alto en la santidad si se desprendiesen completamente de las criaturas; pero por cuanto conservan pequeñas afecciones desordenadas que no se esfuerzan por romper, andan siempre gimiendo y lamentándose, sin elevarse un palmo de tierra. Decía san Juan de la Cruz: «El alma que está aficionada a alguna cosa, por pequeña que sea y por mucha virtud que tenga, nunca llegará a la divina unión; porque importa poco que el pájaro esté sujeto por un hilo recio o delgado, pues, por delgado que sea, mientras no se rompa, nunca podrá volar con libertad. ¡Qué compasión dan ciertas almas entregadas a ejercicios espirituales, ricas en virtudes divinas, pero que, por no tener valor para romper aquella aficioncilla, no pueden llegar a la divina unión, para lo que bastaría levantar con fuerza el vuelo y romper aquel hilo, pues una vez libre el alma de todo afecto creado, Dios no puede por menos de comunicarse en toda su plenitud!».

[5] Quien quiera que Dios sea todo suyo, ha de darse del todo a Dios. «Mi amado es para mí», decía la esposa, «y yo soy para mi amado» (Cant 2,16). Mi amado se entregó por completo a mí y yo me entregué a él. Jesucristo, por el amor que nos profesa, quiere todo nuestro amor, y, de no tenerlo todo, no se da por satisfecho. Por ello escribió santa Teresa a una priora de sus monasterios: «Va muy afuera del espíritu de Descalzas ningún género de asimiento, aunque sea con superiora, ni medrarán en espíritu jamás. Libres quiere Dios a sus esposas, asidas a solo él». Santa María Magdalena de Pazzi

quitó a una novicia suya cierto libro espiritual solo
porque la veía muy pegada a él. Muchas almas
tienen oración mental, visitan al Santísimo Sacramento y frecuentan la comunión; pero por cuanto
tienen ocupado el corazón de algún afecto terreno,
poco o nada adelantan en la perfección; y, siguiendo con tal vida, no solo serán siempre miserables,
sino que están en continuo riesgo de perderlo todo.

[6] Es necesario, pues, pedir a Dios, con David,
que purifique nuestro corazón de todo afecto terreno: «Crea, Dios, en mí un corazón puro» (Sal
50,12); de lo contrario no podremos ser enteramente suyos. Bien nos lo dio a entender Jesucristo,
diciéndonos que quien no renuncia a todo lo de
este mundo no puede ser verdadero discípulo suyo
(Lc 14,33). De aquí que los antiguos padres del
desierto, cuando iba algún joven a sumarse a su
compañía, le preguntaran de este modo: «¿Traes el
corazón vacío, para que lo pueda llenar el Espíritu
Santo?». Lo mismo dijo Dios a santa Gertrudis,
que le rogaba le diese a entender qué era lo que de
ella pedía: «No te pido más que un corazón vacío
de las criaturas». Es necesario, pues, decir a Dios
con ánimo fuerte y decidido: Señor, te prefiero a
todo, a la salud, a las riquezas, a las dignidades,
a los honores, a las alabanzas, a la ciencia, a los
consuelos, a las esperanzas, a los deseos y aun a las
gracias y beneficios que de ti pudiera recibir. En
suma, te prefiero a todo bien creado que no seas tú,
Dios mío. Todos los dones con que me obsequiaste,
de nada me bastan, si no eres tú mismo. A ti solo
quiero y nada más.

[7] En un corazón desapegado de todo afecto por las cosas creadas entra rápido y lo llena de amor divino. Decía santa Teresa: «Quitas de delante de los ojos las ocasiones no buenas y enseguida se enciende el fuego del amor divino, porque el alma no puede vivir sin amar: o ha de amar al Creador o a las criaturas». Si no ama a las criaturas, amará ciertamente a Dios.

En una palabra, «es necesario dejarlo todo para ganarlo todo», dice Tomás de Kempis. Santa Teresa, mientras vivió aficionada, aunque con afición casta, a cierto pariente suyo, no fue toda de Dios; pero, desde el punto mismo en que con generoso corazón rompió con aquel apego, mereció oír de Cristo: «Ya eres mía y yo soy tuyo». Es muy poca cosa el corazón para amar a un Dios tan amante y tan amable, que merece infinito amor; ¿y todavía querremos dividir este amor entre el Creador y las criaturas? El venerable P. Luis de la Puente se avergonzaba de decir a Dios: Te amo, Señor, más que a todas las riquezas, honores, amigos, parientes; porque le parecía decir a Dios: Señor, te amo más que al fango y podredumbre, más que a los gusanillos de la tierra.

[8] Dice el profeta Jeremías que el Señor es todo bondad para quien le busca: «Bueno es el Señor para los que le buscan» (Lam 3,25). Y se ha de entender del alma que busca tan solo a Dios. ¡Feliz pérdida! ¡Feliz hallazgo! ¡Perder los bienes mundanos, que no contentan el corazón y huyen presto, a trueque de conquistar el sumo y eterno bien, que es Dios! Se cuenta de cierto devoto solitario que, al pasear cierto día por el desierto, acertó a encon-

trarse con un príncipe que se daba a la caza por el bosque; al verle el príncipe merodear por el desierto, le preguntó quién era y lo que hacía, a lo que el solitario respondió: «Y vos, señor, ¿qué buscáis en este desierto?». Le dijo el príncipe: «Voy a caza de animales». Y el solitario respondió: «Pues yo voy a caza de Dios». Y, sin más, siguió su camino.

Esta debe ser en la vida presente nuestra única preocupación, nuestro único afán: ir en busca de Dios para amarlo, y de su voluntad, para cumplirla, desterrando del corazón todo afecto a las criaturas. Y cuando se nos ofrezca cualquier bien perecedero solicitando nuestro amor, hallémonos siempre dispuestos a responderle: «De todas las grandezas del mundo y de todas las vanidades del siglo tengo hecha total renuncia por amor de mi Señor Jesucristo». Y ¿qué son todas las vanidades y grandezas mundanas, más que humo, lodo y vanidad, que con la muerte se desvanecen? ¡Dichoso quien pueda decir: «Amado Jesucristo, por amor tuyo lo he dejado todo; tú eres mi único amor y solo tú me bastas»!

[9] Cuando el amor divino toma plena posesión de un alma, esta, con la ayuda de la divina gracia, procura despojarse de todo lo terreno que pueda impedirle ser toda de Dios. Decía san Francisco de Sales que cuando arde la casa, se echan todos los muebles por las ventanas; como si dijera que cuando una persona se da por completo a Dios, sin exhortaciones que valgan de confesores ni de predicadores, por sí misma procura despojarse de todo afecto terreno.

El P. Ségneri, el joven, decía que el amor divino es así como un ladrón que con facilidad nos despoja de todo, para dejarnos poseer solamente de Dios. Habiendo un hombre rico renunciado a toda su hacienda y haciéndose pobre por amor de Jesucristo, le preguntó un amigo cómo es que se había abrazado con tanta pobreza, y él, sacando el libro de los Evangelios, le repuso: «Esto es lo que me ha despojado de todo». Dice el Espíritu Santo: «Si alguien diese toda la fortuna de su casa a cambio del amor, se le despreciaría» (Cant 8,7). En efecto, cuando el alma ha puesto por entero su amor en Dios, todo lo desprecia, riquezas, placeres, dignidades, señoríos, imperios; no quiere más que a Dios y se complace en repetir a cada instante: Dios mío, solo vos y nada más. Escribe san Francisco de Sales: «El puro amor de Dios consume todo lo que no es Dios, para convertirlo todo en sí mismo; porque entonces todo cuanto se hace por amor de Dios es amor».

[10] Decía la esposa: «Me condujo a la bodega y el pendón que enarbola sobre mí es amor» (Cant 2,4). Esta bodega es, según escribe santa Teresa, el amor divino, que, al apoderarse del corazón, lo embriaga de tal modo, que le hace olvidar todo lo creado. El embriagado está como muerto y sin sentido, no ve, no oye, no habla; así le acontece al alma embriagada en el amor de Dios: ha perdido el gusto de las cosas terrenas y no quiere pensar más que en Dios, ni hablar más que de Dios, ni oír más que conversaciones de amor y complacencia de Dios. Manda el Señor en el Cantar de los Cantares

que no despierten a la amada del sueño: «No despertéis, no desveléis al amor» (Cant 2,7).

De este feliz sueño disfrutan las almas esposas de Jesucristo, dice san Basilio, y que no es otro que el olvido cabal y perfecto de todo lo creado, para tender solo a Dios y poder decir con san Francisco: «¿Para qué, Dios mío, riquezas, para qué dignidades y bienes de este mundo? Tú eres todo mi bien, mi herencia y mi tesoro. Comentaba Tomás de Kempis: «¡Suave palabra esta!: ¡Dios mío y mi todo! Basta con ella a quien la entiende, y quien ama tiene por regalado repetir: ¡Dios mío y mi todo!».

[11] Para llegar, pues, a la perfecta unión con Dios, es necesario un total desapego de las criaturas, y, para descender a cosas particulares, lo primero que debemos hacer es despojarnos del afecto desordenado a los parientes.

Dice Jesucristo: «Si uno viene a mí y no aborrece a su padre y a su madre, a su mujer y a sus hijos, a sus hermanos y hermanas y hasta su propia vida, no puede ser mi discípulo» (Lc 14,26). Y ¿por qué este odio a los parientes? Porque a menudo los mayores enemigos de nuestro aprovechamiento espiritual son nuestros parientes: «Los enemigos del hombre serán los de su casa» (Mt 10,36). Decía san Carlos Borromeo que cada vez que volvía de casa de sus parientes, siempre regresaba más frío en su vida espiritual. Y cuando al P. Antonio Mendoza le preguntaron por qué no quería siquiera reposar en casa de sus parientes, respondió: «Porque la experiencia me enseña que no hay lugar donde más pierda la virtud y devoción del religioso que en casa de sus parientes».

[12] Si se trata de la elección de estado, es cierto, como enseña santo Tomás, que no estamos obligados a obedecer a los padres. Si un joven se siente llamado a la vida religiosa y se oponen los padres, está obligado a obedecer a Dios y no ya a los parientes, quienes por intereses y fines particulares se oponen al bien espiritual de sus hijos. Frecuentemente los amigos carnales, como dice el mismo santo Tomás, se oponen a nuestro bien espiritual. Y antes prefieren que los hijos se condenen, escribe san Bernardo, que dejen la casa.

[13] Causa extrañeza, en esta materia, ver a ciertos padres y madres que, no obstante ser temerosos de Dios, como alucinados por la pasión, se fatigan e inventan mil trazas para impedir la vocación del hijo que quiere ser religioso. Esta manera de obrar, fuera de algún caso rarísimo, no puede excusarse de falta grave. Quizás diga alguien: «Pero ¿es que no puede salvarse ese joven si no entra religioso? Pero ¿es que todos los que quedan en el mundo se condenan?». Respondo: Quienes no están llamados por Dios al estado religioso, se salvarán en el mundo cumpliendo con las obligaciones de su estado; pero quienes se sienten llamados y no obedecen a Dios, sí pueden salvarse, pero se salvarán difícilmente, puesto que les faltarán los auxilios especiales que Dios les tenía preparados en la religión, sin los cuales no llegarán a salvarse. Escribe el teólogo Habert que el que desobedece a la divina vocación queda en la Iglesia como un miembro fuera de su lugar y con mucha dificultad podrá desempeñar su oficio y, por consiguiente, alcanzar la salvación. Por lo

que luego concluye: «Aun cuando, absolutamente hablando, este tal se pudiera salvar, sin embargo, difícilmente entrará en la senda de la salvación y escogerá los medios a ella conducentes».

[14] El P. Granada llamaba a la elección de estado la *rueda maestra*. Cuando se gasta la rueda maestra del reloj, queda este desconcertado, y así queda desconcertada toda la vida, errada la vocación respecto a la salvación eterna. ¡Cuántos desgraciados jóvenes perdieron la vocación por causa de sus padres y acabaron con mal fin, después de haber arruinado a la familia! Cierto joven perdió la vocación religiosa por instigación de su padre; tuvo luego con él no pocas pendencias, terminó asesinándolo y murió ajusticiado. Un seminarista fue también llamado al estado religioso; descuidó el llamamiento divino, abandonó la vida fervorosa que vivía, dejó la oración y la comunión, y de ahí cayó en los vicios, y, finalmente, cierta noche que salía de casa de una mujer perdida, le asesinó un rival suyo; acudieron al punto varios sacerdotes, pero lo hallaron ya muerto. Y ¡cuántos ejemplos semejantes pudiera aducir aquí!

[15] Pero volvamos a nuestro propósito. El angélico santo Tomás exhorta a los que se sienten llamados a vivir vida más perfecta que no pidan parecer a sus parientes, ya que en tal materia se convierten en sus enemigos.

Y si para seguir la vocación a estado más perfecto no están obligados los hijos a pedir el consejo de los padres, menos lo están a pedir su consentimiento o alcanzar su licencia, mayormente cuando hay fundadas sospechas de que injustamente les negarán la demanda, impidiendo así la vocación. Santo Tomás de Aquino, san Pedro de Alcántara, san Francisco Javier, san Luis Beltrán y muchos más entraron en religión sin avisarlo siquiera a sus padres.

[16] Advirtamos aquí que, así como se exponen a gran riesgo de condenarse los que, por complacer a sus parientes, desoyen el llamamiento de Dios, lo corren igualmente quienes, por no disgustarlos, abrazan sin vocación divina el estado eclesiástico.

Tres son las señales principales por donde se puede venir en conocimiento de la verdadera vocación a estado tan sublime: ciencia, recta intención de buscar solo a Dios y bondad de vida. Hablemos ahora tan solo de la bondad. El concilio de Trento, ordenó que los obispos no promoviesen a las órdenes sagradas sino a quienes estuvieran ya probados en la bondad de vida. Esto mismo ordenaron los antiguos cánones, que decían: «No se ordene nadie que primero no haya sido probado». Y aunque directamente habla de la prueba externa, que debe exigir el obispo acerca de la probidad del ordenando, está claro que el concilio no pide tanto la probidad externa cuanto la interna, sin la cual aquella no es más que una apariencia engañosa. Por eso, el concilio, en el capítulo 12 de la misma sesión, dice: «Sepan los obispos que solo han de admitir a estas órdenes a los dignos y cuya conducta corra pareja con bien probada madurez de juicio». Con este mismo fin de tener bastantes pruebas de la bondad de la vida del ordenando, estableció el concilio los intersticios entre los diversos grados de las órdenes que se reciben: «Para que en este tiempo, con la edad, vaya creciendo el ordenando en sabiduría y mayor perfección de vida».

[17] La razón aducida por santo Tomás es que, por cada orden sagrada que recibe el ordenando, se va aproximando al altísimo ministerio de servir a Jesucristo en el Sacramento del Altar; de donde concluye el santo que la santidad del sacerdote debe sobrepujar a la del religioso. «Ya que por las sagradas órdenes –explica– es uno deputado para altísimos ministerios, en los cuales se sirve a Jesucristo en el Sacramento del Altar; por eso se requiere mayor santidad interna que la que exige el estado religioso». En otro lugar, y sobre el mismo propósito, añade que no habla tanto de los ya ordenados como de los ordenandos; las órdenes sagradas: que en el primero se trabaja para extirpar los vicios, mientras que en el segundo se los debe haber ya extirpado con la santidad de vida. He aquí las palabras de Angélico: «Las órdenes sagradas piden anticipada santidad, al paso que el estado religioso es ejercicio de santidad; de donde se sigue que el gravísimo peso de las órdenes sagradas ha de ir fundamentado sobre paredes ya curadas por la santidad, mientras que el peso de la religión seca las paredes, esto es, desarraiga los vicios del corazón del hombre». En otro lugar vuelve santo Tomás a explicar la misma materia, y dice: «Y así como los que reciben las sagradas órdenes están en grado más elevado que los fieles, así deben ser

a ellos superiores por el mérito de santidad». Estos méritos y esta santidad los pide el santo antes de la ordenación y los declara necesarios, no solo para que el ordenando ejerza dignamente su orden, sino también, y muy principalmente, para que el ordenando pueda ser dignamente contado entre la milicia de Cristo». Y, finalmente, concluye: «Pero, además, en la recepción misma del orden se recibe mayor cúmulo de gracias, por las cuales el ordenando se haga idóneo para más altos ministerios». Nótese la expresión *para más altos,* con la que se declara que la gracia del sacramento que se comunica en las órdenes, lejos de ser inútil al ordenando, le prestará mayores ayudas para hacerse digno de alcanzar mayores méritos, y al mismo tiempo indica la necesidad en que se halla de tener la gracia precedente, que basta para hacerle digno de ser contado entre la milicia de Cristo.

[18] En mi libro de *Teología Moral* escribí una extensa disertación sobre este punto, en la que demostré que los que sin haber vivido virtuosamente reciben algún orden sagrado, no pueden excusarse de culpa grave, por levantarse a tan sublime grado sin divino llamamiento, ya que no se puede llamar elegido por Dios quien sube a las órdenes sagradas sin haberse libertado de cualquier vicio habitual, especialmente contra la castidad. Y si bien en tales casos uno es capaz del sacramento de penitencia, por haberse dispuesto a él por medio del arrepentimiento, con todo, no es capaz en tal estado de recibir el sacramento del orden, para el que es necesario, además, excelente vida, comprobada

ya con la experiencia de largo lapso de tiempo. De
no hacerlo así, el ordenando no puede excusarse
de pecado mortal, ya por la grave presunción con
que sin vocación se introduce en los sagrados ministerios, pues como dice san Anselmo: «El que se
entromete en estos ministerios y busca su propia
gloria, ladrón es de la gracia de Dios y, queriendo
hallar bendición, recibirá maldición»; ya también
por el gran peligro de eterna condenación a que
se expone en tal caso, como dice el obispo Abélly:
«El que a sabiendas y sin cuidarse de la vocación
divina (como sería aquel que recibiese las órdenes
sagradas habituado a un vicio grave) entrara en el
ministerio sacerdotal, no hay duda que él mismo y
de por sí se despeñaría en el precipicio de eterna
condenación». Lo mismo escribe Soto, y dice que
el sacramento del orden exige en el ordenando
santidad positiva, por precepto positivo: «Aunque
la integridad y pureza de costumbres –dice– no
sea de la esencia del sacramento, es, sin embargo,
muy necesaria, por precepto divino... Ahora bien,
la idoneidad y bondad de vida que se exige de
aquellos que han de recibir las sagradas órdenes
no es aquella general disposición que se pide en la
recepción de cualquier otro sacramento, para que
la gracia sacramental no encuentre tropiezo en su
operación. Mas por cuanto en el sacramento del
orden el hombre no solo recibe gracia, sino que se
levanta a grado más sublime, se pide en el orde-·
nando grande honestidad en las costumbres y bien
reconocida virtud».

Lo mismo escribe Tomás Sánchez, lo mismo el
P. Holzman, lo mismo los Salmanticenses. Esta tesis

que he escrito no es opinión de un doctor particular, sino sentencia común, y todos se basan en la doctrina de santo Tomás.

[19] En todo caso, cuando el ordenando carece de la bondad de la vida, no solo peca gravemente el sujeto que se ordena, sino también el obispo que le confiere las órdenes sagradas sin tener suficientes pruebas que le den certidumbre moral de la probada virtud del ordenando. También peca gravemente el confesor que absuelve al que se empeña en ordenarse con hábito de pecado, sin una larga vida virtuosa. Y pecan también gravemente aquellos padres que, conscientes de la mala vida de los hijos, se empeñan en que sean ordenados, con el fin de ayudar a la familia.

No fundó Jesucristo el estado eclesiástico para sostener las casas de los seglares, sino para promover la gloria de Dios y la salvación de las almas. Algunos se figuran el estado eclesiástico como un empleo u oficio muy a propósito para escalar honores y allegar riquezas, pero se equivocan; y por esto, cuando los padres van a inquietar al obispo para que ordene a su hijo, ignorante o de malas costumbres, alegando que la familia es pobre y no saben cómo salir del paso, debe el prelado responderles: «No, hijo mío; el estado eclesiástico no se ha instituido para auxilio de la pobreza doméstica, sino para bien de la Iglesia». De esta manera hay que despedir a estos tales, sin prestarles atención, porque tales sujetos acaban por perder su alma, la de sus familiares y hasta la de sus pueblos.

[20] Y hablando de aquellos sacerdotes que viven en sus familias y cuyos parientes les piden no se den tanto al ministerio de las almas cuanto a aumentar la fortuna y buen nombre de la casa, deben responder lo que Jesucristo respondió a su divina Madre: «¿No sabéis que debo atender a las cosas de mi Padre?» (Lc 2,49). Deben, pues, contestar: «Soy sacerdote, y mi oficio no es allegar riquezas, ni conquistar honores, ni administrar la hacienda de la casa, sino vivir vida retirada, orar, estudiar y ponerme al servicio de las almas». Si, por ventura, estuviesen en la precisa necesidad de ayudar a su casa, ayúdenla en cuanto puedan, pero sin descuidar su principal incumbencia, que es el atender a la santificación propia y a la del prójimo.

[21] Además *quien quiera ser todo de Dios,* deberá desprenderse de toda estima mundana.

¡Cuántos, por este maldito deseo de ser estimados, se alejan de Dios y hasta llegan a perderlo! Oyen hablar, por ejemplo, de algún defecto suyo, y ¿qué no hacen para justificarse e imputarlo a falsedad o calumnia? Y si ejecutan algo bueno, ¿qué cosa no remueven con el fin de que quede bien notorio y manifiesto a todos? Quisieran que todo el mundo lo supiese y los alabase. No obraban así los santos; querían que todos conociesen sus defectos, para que los tuviesen por lo miserables que ellos se consideraban; y por el contrario, en todo lo bueno que hacían querían que solo lo supiese Dios, a quien únicamente deseaban complacer; de ahí que amasen tanto la vida escondida, siguiendo las enseñanzas de Jesucristo, que decía: «Cuando hagas limosna, que tu mano izquierda no sepa lo que haces con la derecha» (Mt 6,3). Y en otro pasaje: «Cuando hagas oración entra en tu aposento y, cerrada la puerta, ruega a tu Padre en lo secreto» (Mt 6,6).

[22] Sobre todo es necesario desprendernos de nosotros mismos, es decir, de la propia voluntad.

Quien se vence a sí mismo, fácilmente vencerá después las demás repugnancias. «Véncete a ti mismo», tal era el consejo que solía dar a todos san Francisco Javier. Y Jesucristo dice: «Si alguno quiere venir en pos de mí, niéguese a sí mismo» (Mt 16,24). En esto está cuanto hemos de hacer para llegar a la santidad, negarnos a nosotros mismos y no seguir la propia voluntad. El mayor don, decía san Francisco de Asís, que se puede recibir de Dios, es vencerse a sí mismo y renunciar a la propia voluntad. Escribe san Bernardo: «Cese de obrar la propia voluntad y se acabará el infierno». Y añade el mismo santo que «la propia voluntad es grande mal, porque hace que las obras buenas dejen de serlo para nosotros». Como sucede cuando un penitente quiere ejercitarse en alguna mortificación, ayuno o disciplina contra la voluntad del director espiritual; pero como hace tales mortificaciones por seguir la propia voluntad, de nada le valen o son defectuosas. ¡Desgraciado del que vive esclavo de la propia voluntad!, porque anhelará tener muchas cosas y no las podrá conseguir, y, por el contrario, querrá rehuir otras muchas mortificantes y tendrá que pasar por ellas. «¿De dónde nacen las riñas y pleitos entre vosotros? ¿No es de vuestras propias pasiones que luchan en vosotros mismos? Codiciáis y no lográis» (Sant 4,1-2).

La *primera* guerra proviene del apetito de goces sensuales: removamos las ocasiones, mortifiquemos la vista, encomendémonos a Dios, y cesará la batalla.

La *segunda* guerra proviene de la sobrada codicia de bienes terrenos: procuremos amar la pobreza, y cesará la batalla.

La *tercera* guerra proviene de la ambición de honores: amemos la humildad y la vida escondida, y cesará la batalla.

La *cuarta* lucha y la más maligna, se origina de la propia voluntad: resignémonos en el querer de Dios, en todo cuanto nos sobrevenga, y la lucha se irá extinguiendo.

Escribe san Bernardo que, cuando se ve a una persona enojada, la causa de su turbación es el no poder dar gusto, a la sazón, a la propia voluntad. «¿Por qué la turbación, dice el santo, sino porque seguimos nuestro propio querer?». De esto se lamentó en cierta ocasión el Señor con santa María Magdalena de Pazzi, al decirle: «Ciertas almas quieren mi espíritu, mas lo quieren conforme les agrada, y, por ende, se hacen incapaces de recibirlo».

[23] De ahí se sigue que hay que amar a Dios como Él quiere ser amado y no como a nosotros se nos antoje. Dios quiere nuestra alma despojada de todo, para poderla unir consigo y colmarla de su divino amor. Santa Teresa escribe: «Mas mirad, hijas, que, para esto que tratamos, no quiere que os quedéis con nada; poco o mucho, todo lo quiere

para sí, y conforme a lo que entendieres de vos que habéis dado, se os harán mayores u menores mercedes. No hay mejor prueba para entender si llega a unión, o si no, nuestra oración». Muchas personas espirituales quisieran llegar a la unión con Dios, pero, como no aceptan las contrariedades que Dios les envía, ni la pobreza que padecen, ni las afrentas que reciben, resulta que, al no aceptar todo esto, jamás llegarán a unirse perfectamente con Dios. Oigamos lo que decía santa Catalina de Génova: «Para llegar a la unión con Dios son necesarias las adversidades que Dios nos envía, porque van enderezadas a consumir en nosotros todos los malos movimientos interiores y exteriores. Y por esto los desprecios, enfermedades, pobreza, tentaciones y demás contrariedades son cosas sumamente necesarias para que, combatiendo contra nosotros mismos, logremos extinguir de tal manera nuestras perversas inclinaciones, que no las sintamos más; y mientras que la adversidad no se torne de amarga en suave, por Dios, jamás llegaremos a la divina unión».

[24] Añado aquí la práctica que enseña san Juan de la Cruz. Dice el santo que para llegar a la perfecta unión se necesita total mortificación de los sentidos y apetitos: «Para poder hacer bien esto, cualquier gusto que se le ofreciere a los sentidos, como no sea puramente para gloria de Dios, rechazarlo inmediatamente por amor a Jesucristo... Pongo ejemplo: si se le ofreciere gusto en oír cosas que no importan para el servicio de Dios, ni las quiera gustar ni las quiera oír... Procure siempre inclinarse

no a lo más fácil, sino a lo más dificultoso. No a lo más sabroso, sino a lo más desabrido. No a lo más gustoso, sino a lo que no da gusto. No a lo que es consuelo, sino antes al desconsuelo. No a lo más, sino a lo menos. No a lo más alto y precioso, sino a lo más bajo y despreciado».

En una palabra, quien ama verdaderamente a Jesucristo, pierde el afecto a todos los bienes terrenos y trata de despojarse de todo, para vivir solamente unido a Jesucristo, para quien son todos sus deseos, en quien siempre piensa, por quien siempre suspira y a quien procura complacer en todo lugar, en todo tiempo y en toda ocasión. Pero para llegar a esto debemos estar en vela, para purificar el corazón de todo afecto que no sea para Dios.

Pregunto: ¿Qué se requiere para entregarse enteramente a Dios?:

En primer lugar, evitar cuanto le desagrade y ejecutar cuanto sea de su agrado.

En segundo lugar, aceptar sin excepción cuanto venga de su mano, por puro y dificultoso que fuere.

En tercer lugar, preferir en todas las cosas la voluntad de Dios a nuestro propio querer: esto se requiere para ser del todo de Dios.

Afectos y plegarias

Dios mío y mi todo, siento que, a pesar de mis ingratitudes y negligencias en tu servicio, sigues llamándome a tu amor. Aquí me tienes; ya no quiero resistir más; quiero abandonarlo todo para dedicarme por completo a ti. No quiero ya vivir para mí mismo, pues mucho es lo que me has obligado a amarte. Mi alma se ha enamorado de ti, Jesús mío, y por ti solo suspira. Y ¿cómo podría amar otra cosa después de haberte visto morir de dolor en una cruz para salvarme? ¿Cómo podría contemplarte muerto, acabado de dolores, y no amarte con todo mi corazón? Te amo, sí, querido Redentor mío; te amo con toda mi alma y no deseo más que amarte en esta y en la otra vida.

Amor mío, esperanza mía, fortaleza mía, consuelo mío, dame fuerza para serte fiel; dame luces para que vea qué debo hacer para sacrificarlo todo y dame fortaleza para que te obedezca en todo. ¡Oh amor del alma mía!, me ofrezco todo a ti para satisfacer el deseo que tienes de unirte a mí, para que yo pueda unirme del todo a ti, Dios mío y mi todo. Ven, pues, por favor, Jesús mío, y toma posesión de mí, de todos mis pensamientos y de todos mis afectos.

Renuncio a todas mis aficiones, a todos mis consuelos y a todas las cosas creadas, pues tú solo me bastas. Dame la gracia de no pensar sino en ti, no desear más que a ti, no buscar más que a ti, mi amado y mi único bien.

¡Oh María, Madre de Dios!, alcánzame la santa perseverancia.

Capítulo 12

Quien ama a Jesucristo jamás se irrita contra el prójimo

La caridad no se irrita

[1] La virtud de no airarse en las contrariedades que sobrevengan es hija de la mansedumbre. De los actos relativos a la mansedumbre ya hablamos en el capítulo precedente; pero como se trata de una virtud, que ha de ejercitarse por tener que vivir entre hombres, diremos aquí algunas cosas más particulares y muy útiles para la práctica.

[2] La humildad y mansedumbre fueron las virtudes predilectas de Jesucristo, por lo que dijo a los discípulos que aprendiesen de Él a ser mansos y humildes: «Aprended de mí, que soy manso y humilde de corazón» (Mt 11,29). Nuestro Redentor fue llamado cordero. «He aquí al Cordero de Dios» (Jn 1,29), sea por razón del sacrificio que había de consumar en la cruz para satisfacción de nuestros pecados, sea por la mansedumbre que manifestó en toda su vida, y especialmente en el momento de su pasión. Cuando recibió en casa de Caifás la bofetada del ministro del pontífice que, a la vez, lo

trató de temerario, al decirle: «¿Así respondes al sumo sacerdote?» (Jn 18,22). Jesús respondió solamente estas palabras: «Si he hablado mal dime en qué, pero si no, ¿por qué me pegas?» (Jn 18,22-23). Esta mansedumbre prosiguió ejercitándola hasta la muerte, pues pendiente en la cruz, cuando los soldados le escarnecían y blasfemaban de Él, Él se limitaba a pedir al Padre Eterno que los perdonara: «Padre, perdónales, porque no saben lo que hacen» (Lc 23,34).

[3] ¡Cuánto estima Jesucristo a los corazones mansos que, al recibir afrentas, burlas, calumnias, persecuciones y hasta golpes y heridas, no se irritan contra quienes los injurian o golpean! «Siempre le es agradable a Dios la oración de los mansos de corazón» (Jdt 9,16). Las oraciones de los humildes siempre son agradables a Dios, lo que equivale a decir que son siempre escuchados. A ellos de modo especial les está prometido el paraíso: «Bienaventurados los mansos, porque ellos poseerán en herencia la tierra» (Mt 5,4). Decía el P. Álvarez que el cielo es la patria de los despreciados, de los perseguidos y abatidos; sí, porque a estos, y no ya a los soberbios, que disfrutan de las honras y estimaciones mundanas, les está reservada la posesión del reino eterno. Escribió David que los mansos no solo alcanzarán la eterna bienaventuranza, sino que también en esta vida disfrutarán de extraordinaria paz (Sal 37,11). Sí, porque los santos no guardan rencor contra quienes los maltratan, sino que los aman más que antes; y el Señor, en premio de su paciencia, les aumenta la paz interior. Decía santa

Teresa: «Y con las personas que decían mal de mí, no solo no estaba mal con ellas, sino que me parece les cobraba amor de nuevo»; por lo que más tarde escribió de ella la Sagrada Rota Romana que «las ofensas le daban motivo para amar más a los que la ofendían». Tan grande mansedumbre no se da sino en quienes tienen gran acopio de humildad y bajo concepto de sí mismos, que llegan a convencerse que merecen toda suerte de desprecios; y de ahí, por el contrario, que los orgullosos sean siempre iracundos y vengativos, porque, en su concepto, son dignos de todo honor.

[4] «¡Bienaventurados los que mueren en el Señor!» (Ap 14,13). Hay que morir, pues, en el Señor para ser bienaventurado y para comenzar a gozar de la bienaventuranza en esta vida, es decir, de la bienaventuranza de que se puede disfrutar antes de ir a la gloria, la cual ciertamente es mucho menos que la del cielo, pero es tal que supera a todos los placeres sensibles de esta vida: «Y la paz de Dios que supera todo sentido, posea vuestros corazones» (Flp 4,7). Pero para obtener esta paz, aun en medio de afrentas y calumnias, hay que estar muerto en el Señor.

Un cadáver, por mucho que lo maltraten y pisoteen, no siente nada; el humilde, igualmente, estando como muerto, que ni ve ni oye, debe sufrir cuantos desprecios le hagan. Quien ama de corazón a Jesucristo, presto llega a ese estado, porque, conforme en todo con la voluntad divina, acepta con la misma paz y ánimo igual lo próspero como lo adverso, los consuelos como las aflicciones, las injurias como las alabanzas. Así hacía el apóstol, quien por ello decía: «Estoy que reboso de gozo en medio de toda esta tribulación nuestra» (2Cor 7,4).

¡Feliz del que consigue tal grado de virtud! Decía san Francisco de Sales: «¿Qué es el mundo entero, comparado con la paz del corazón?». En efecto, ¿de qué sirven todas las riquezas y todos los honores del mundo a quien vive inquieto y no disfruta de paz del corazón?

[5] En suma, para vivir siempre unidos con Jesucristo, debemos hacer todas las cosas con tranquilidad, sin alterarnos por ninguna adversidad. «El Señor no estaba en el viento...» (1Re 19,11): el Señor no habita en los corazones turbados.

Oigamos los bellos documentos que acerca de esta materia nos suministra el maestro de la mansedumbre, san Francisco de Sales: «No os dejéis dominar por la cólera, ni siquiera le abráis la puerta, con el pretexto que fuere, porque, una vez introducida en vosotros, no está en vuestra mano arrojarla ni aun dominarla». Los remedios contra la cólera son:

Primero, combatirla enseguida, distrayéndonos, sin entablar diálogo con ella.

Segundo, a imitación de los apóstoles en la tempestad del mar, recurrir a Dios, que puede apaciguar el corazón.

Tercero, cuando veáis que la cólera, por vuestra debilidad, se ha adentrado en vuestro espíritu, en tal caso esforzaos por recobrar la calma y procurad después ejercitaros en actos de humildad y de mansedumbre con la persona contra la cual os enojasteis; pero todo esto hay que hacerlo con suavidad y sin violencia, porque importa mucho no enconar la llaga.

A este propósito decía el santo que tuvo que trabajar durante toda su vida para vencer las dos pasiones que ejercían más imperio sobre él, la cólera y el amor; para sofocar la pasión de la cólera nos dice que necesitó veintidós años de lucha para sojuzgarla; en cuanto al amor, venció trocando su objeto, abandonando las criaturas y dirigiendo hacia Dios todos sus afectos. De este modo el santo disfrutaba de una paz interior tan acabada, que se traslucía al exterior, viéndosele casi siempre con el rostro sereno y con la sonrisa en los labios.

[6] «¿De dónde nace la guerra, si no es de nuestra propia concupiscencia?» (Sant 4,1). Cuando alguno, por cualquier motivo, se siente movido a la ira, le parece que encontrará consuelo y paz si la desahoga con actos o palabras; pero se engaña, porque después de desfogarse se hallará más turbado que antes. Quien quiera vivir en continuada paz, guárdese de dejarse arrastrar por el mal humor, y si se viere presa de él, deséchelo de él, sea con la lectura de un libro, con alguna canción devota, o conversando de cosas placenteras con algún amigo.

Dice el Espíritu Santo: «La ira se alberga en el corazón del insensato» (Qo 7,10). La cólera hace su asiento en el corazón de los insensatos, que aman poco a Jesucristo; pero en el corazón de los verdaderos amantes de Jesucristo, si llegara a entrar por sorpresa, luego es arrojada y no puede en él habitar. Quien ama con todo corazón al Redentor, no vive malhumorado, porque, no queriendo sino lo que Dios quiere, tiene siempre cuanto quiere, por lo que vive tranquilo y siempre igual en su conducta. La voluntad divina le tranquiliza en todas las adversidades que le acaecen, y por eso ejercita la mansedumbre absolutamente con todos. Pero esta mansedumbre no se puede, con todo, alcanzar sin un gran amor a Jesucristo, porque es un hecho que no llegaremos a ser mansos ni dulces con los demás mientras no sintamos gran ternura hacia Jesucristo.

[7] Pero como no siempre sentimos esta ternura, es necesario que en la oración mental nos dispongamos a sobrellevar los sucesos adversos que nos puedan sobrevenir. Así lo hicieron los santos, encontrándose más dispuestos a recibir paciente y humildemente las injurias, golpes y heridas. Cuando el prójimo nos insulte, si no nos halláramos preparados y muy prevenidos de antemano, difícilmente podremos atinar con lo que procederá hacer para no dejarnos dominar de la ira, porque entonces la pasión nos pintará como muy puesto en razón rechazar intrépidamente y con audacia a quien tan indignamente nos maltrata. Pero, como dice san Juan Crisóstomo, no es medio muy a propósito para extinguir el fuego de la ira con el fuego de la respuesta inflamada en ira, porque «fuego con fuego no puede extinguirse», dice el santo. Replicará alguno: «No es puesto en razón usar de cortesías y afabilidades con el temerario que ofende sin razón». A esto respondo con san Francisco de Sales: «Hay que ejercitarse en la mansedumbre no

solo en lo que es conforme a razón, sino en lo que es contrario a ella».

[8] Por tanto, hemos de procurar responder con palabras amables, pues este es el modo de apagar el fuego: «Una respuesta suave apaga la ira» (Prov 15,1). Cuando el alma está enojada, lo mejor es callar. Escribe san Bernardo: «El ojo ofuscado por la ira no aprecia con rectitud». La pasión es como un velo que se pone ante los ojos e impide discernir lo falso de lo verdadero, por lo que se impone hacer, como san Francisco de Sales, un pacto con la lengua: «Hice pacto con mi lengua de no hablar cuando tuviese perturbado el corazón».

[9] Pero a veces se diría ser necesario tener que reprimir con aspereza a algún insolente. Dice David: «Enojaos, pero sin pecar» (Sal 4,5). Aquí está precisamente la dificultad. Especulativamente hablando, hay ocasiones en que parece oportuno hablar o responder ásperamente a alguno para hacerle entrar dentro de sí, pero en la práctica es muy difícil hacerlo sin riesgo de pecar, por lo que el camino más seguro es amonestar o responder siempre con blandura, estando en vela para no dejarse llevar de la cólera. Decía san Francisco de Sales: «No me acuerdo de ninguna vez que me haya dejado llevar de la ira, que después no haya tenido que arrepentirme». Y cuando nos sintamos turbados, lo más seguro, como arriba se dijo, es callar, reservando la amonestación o la respuesta para tiempo más oportuno, cuando el corazón no eche más humo.

[10] Esta mansedumbre hemos de practicarla especialmente cuando nos veamos reprendidos por nuestros superiores o amigos. Escribe san Francisco de Sales: «Aceptar de buen grado la represión es señal de que se ama la virtud contraria al defecto de que uno es corregido, y es prueba no pequeña de que se va aprovechando en la perfección». También hemos de ser mansos con nosotros mismos. El demonio nos hace ver muy laudable el airarse contra sí mismo cuando se comete un defecto; pero no es así, sino ardid del enemigo, que pretende inquietarnos para que seamos incapaces de hacer cosa de provecho. Decía san Francisco de Sales: «Tened por cierto que cuantos pensamientos nos inquietan no proceden de Dios, que es príncipe de paz, sino del demonio, o del amor propio, o de la estima en que nos tenemos. Tales son las tres fuentes de que nacen todas nuestras turbaciones. Por eso, cuando nos asalten pensamientos de inquietud, desechémoslos y despreciémoslos al punto».

[11] Además la mansedumbre es sumamente necesaria cuando hemos de reprender a alguien. Las correcciones hechas con amargura son más dañinas que útiles, mayormente cuando el delincuente se halla turbado; en este caso procederá diferir la corrección y aguardar el tiempo en que se haya calmado el hervor de la ira. También conviene abstenernos de corregir a los demás cuando nos hallemos malhumorados, porque entonces la amonestación parecerá hecha con aspereza, y el reo, viéndose de tal modo reprendido, no hará cuenta de la amonestación hecha con apasionamiento.

Esto vale por lo que mira al bien del prójimo; pero en lo que se refiere a nuestro aprovechamiento hagamos ver que amamos a Jesucristo, sobrellevando en paz y con alegría los malos tratamientos, las injurias y los desprecios.

Afectos y plegarias

Jesús mío despreciado, amor y alegría de mi alma, con tu ejemplo has vuelto amables los desprecios para quienes te aman; quiero sufrir, por su amor, todas las injurias, ya que en esta tierra fuiste escarnecido por amor mío. Dame fuerza para cumplir lo prometido. Dame a conocer y oblígame a obrar todo cuanto de mí quieres.

Dios mío y mi todo, no quiero buscar más bien fuera de ti, que eres bien infinito. Tú, que tanto miras por mi provecho, haz que no desee otra cosa que agradarte. Que todos mis pensamientos vayan encaminados a huir de cuanto pueda ofenderte y evitar toda ofensa contra ti. Aleja de mí toda ocasión que pueda desviarme de tu amor. Me despojo de mi libertad y por entero la consagro a tu divino beneplácito.

Te amo, bondad infinita; te amo, amor mío. Verbo encarnado, te amo más que a mí mismo. Ten compasión de mí y cura cuantas llagas padece mi alma por los pecados con que te ofendí. Me abandono por completo en tus brazos, Jesús mío; quiero ser del todo tuyo, quiero sufrirlo todo por amor tuyo y no quiero de ti más que a ti mismo.

Virgen santa y Madre mía María, te amo y en ti confío; socórreme con tu poderosa intercesión.

CAPÍTULO 13

Quien ama a Jesucristo solo quiere lo que Jesucristo quiere

La caridad no es malpensada,
no se alegra del mal y disfruta con la verdad

[1] La caridad siempre va unida con la verdad, por lo que, conociendo que Dios es el único y verdadero bien, aborrece la iniquidad, que se opone a la voluntad divina, y solo se complace en lo que Dios quiere. Quien ama a Dios se preocupa poco de lo que los demás digan de él y solo atiende a lo que es del agrado de Dios. Decía el beato Enrique Suso: «Aquellos que están verdaderamente con Dios que se esfuercen por cumplir con la verdad y después que no se cuiden de lo que de ellos digan los hombres o de cómo les traten».

[2] Repetidas veces y con anterioridad hemos dicho que la suma de la santidad y de la perfección del alma consiste en renunciar a sí mismo y abrazarse con la voluntad de Dios. Pero aquí lo vamos a exponer ahora más detalladamente. Si queremos hacernos santos, nuestro único deseo ha de ser renunciar a la voluntad propia para abrazarnos con la de Dios, porque la médula de todos los preceptos y

consejos divinos estriba en hacer y padecer cuanto Dios quiere y como lo quiere. Roguemos, por tanto, al Señor que nos dé santa libertad de espíritu, libertad que nos hará abrazar cuanto agrada a Jesucristo, a pesar de la repugnancia del amor propio o del respeto humano. El amor de Jesucristo pone a sus amantes en una total indiferencia, siendo para ellos todo igual, lo dulce como lo amargo; nada quieren de lo que les agrada a sí mismos, y quieren cuanto agrada a Dios; con la misma paz se dan a las cosas grandes que a las pequeñas e igualmente reciben las cosas gratas que las ingratas; bástales agradar a Dios en todo.

[3] Dice san Agustín: «Ama y haz lo que quieras»; ama a Dios y haz lo que quieras. Quien ama a Dios en verdad no anda tras otros gustos que los de Dios, y en esto solo halla su contentamiento, en dar gusto a Dios. Escribe santa Teresa: «Oh Señor, que todo el daño nos viene de no tener puestos los ojos en vos, que, si no mirásemos otra cosa sino el camino, presto llegaríamos; mas damos mil caídas y tropiezos y erramos el camino por no poner los ojos, como digo, en el verdadero camino». He aquí, por tanto, cual ha de ser el único fin de todos nuestros pensamientos, de las obras, de los deseos y de nuestras oraciones: el gusto de Dios; este es el camino que ha de conducirnos a la perfección: ir siempre en pos de la voluntad de Dios.

[4] Dios quiere que cada uno de nosotros le amemos con todo nuestro corazón: «Amarás al Señor, tu Dios, con todo tu corazón» (Mt 22,37). Ama a

Jesucristo de todo corazón quien de verdad le dice con el apóstol: Señor, dadme a conocer qué queréis de mí, que dispuesto estoy a hacer lo que Dios quiere. Sepamos que cuando queremos lo que Dios quiere, entonces queremos nuestro mayor bien, pues el Señor quiere lo mejor para nosotros. Decía san Vicente de Paúl: «La conformidad con el divino querer es el tesoro del cristiano y el remedio de todos nuestros males, porque implica la abnegación de sí mismo y la unión con Dios y todas las virtudes». La suma de toda la perfección está encerrada en estas palabras: «Señor, ¿qué quieres que haga?» (He 9,6). Jesucristo nos promete: «No se perderá un cabello de vuestra cabeza» (Lc 21,18); es decir, el Señor nos remunera cualquier buen pensamiento que por darle gusto hayamos tenido y no deja sin recompensa cualquier tribulación que con paz y alegría hayamos sobrellevado para conformarnos con su santa voluntad. Escribió santa Teresa: «¡Bienaventurados trabajos, que aun acá en la vida tan sobradamente se pagan!».

[5] Pero nuestra conformidad con el divino querer ha de ser entera y sin reserva, constante e irrevocable; que en esto, repito, se cifra toda la perfección y a esto deben encaminarse todas nuestras obras, todos nuestros deseos y todas nuestras oraciones. Algunas almas dadas a la oración, al leer los éxtasis y raptos de santa Teresa de Jesús, de san Felipe Neri y de otros santos, entran en deseos de tener y disfrutar esta unión sobrenatural. Estos deseos hemos de desecharlos, por contrarios a la humildad; si queremos santificarnos, debemos desear la verdade-

ra unión con Dios, que consiste en unir totalmente
nuestra voluntad con la suya. Dice santa Teresa:
«En lo que está la suma de la perfección, claro está
que no es en regalos interiores ni en grandes arro-
bamientos ni visiones, ni en espíritu de profecía,
sino en estar nuestra voluntad tan conforme con la
de Dios, que ninguna cosa entendamos que quiere,
que no la queramos con toda nuestra voluntad, y
tan alegremente tomemos lo sabroso con lo amargo, entendiendo que lo quiere Su Majestad... Esta
es la unión que yo deseo y querría en todas». Y
poco más adelante prosigue: «¡Oh, qué de ellos
habrá que digamos esto, y nos parezca que no
queremos otra cosa, y moriríamos por esta verdad!
La verdad es que muchos decimos: Te doy, Señor,
mi voluntad; no quiero sino lo que tú quieres, y,
sin embargo, al sobrevenir cualquier contrariedad,
no sabemos resignarnos a la voluntad divina. De
aquí procede el lamentarse de tener mala suerte,
lamentarse de que todas las desgracias caen sobre
nosotros y, por tanto, vivir vida desgraciada».

[6] Si estuviéramos unidos con la voluntad de Dios
en todas las adversidades, ciertamente que nos san-
tificaríamos y seríamos los más felices del mundo.
Esforcémonos, pues, cuanto podamos, por tener
nuestra voluntad unida con la de Dios en todas
las cosas que nos sucedan, sean gratas o ingratas.
El Espíritu Santo nos amonesta: «No te dejes mo-
ver ni cambiar por cualquier acontecimiento» (Si
5,11). A algunos les pasa lo que a la veleta, que
gira según el viento; si el viento es bonancible, según sus deseos, ahí los tenéis alegres y suaves; pero,

si sopla el regañón y las cosas no van como la seda, ahí los tenéis tristes e impacientes, y de ahí que no se santifiquen, sino que vivan vida desgraciada, porque en la tierra son más frecuentes las cosas adversas que las favorables. San Doroteo enseñaba que el gran medio de conservarse en continua paz y tranquilidad de corazón es el recibirlo todo de manos de Dios, venga como viniere; por lo que cuenta el santo que los antiguos padres del desierto nunca andaban airados ni melancólicos, porque todo lo que les acaecía lo tomaban alegremente, como venido de las manos de Dios.

¡Feliz quien vive enteramente unido y abandonado al divino querer! Ni la prosperidad le ensalza ni la adversidad le abate, porque tiene entendido que todo viene de Dios. Única regla de su querer es el querer del Señor, por lo que solo hace lo que Dios quiere y solo quiere lo que quiere Dios; no se afana por emprender muchas cosas, sino por ejecutar perfectamente las que cree ser del agrado divino. De ahí que no haga por emprender muchas cosas, sino por ejecutar perfectamente a las que cree ser del agrado divino. De ahí que haga primero pasar las insignificantes obras de su estado antes que las acciones brillantes y gloriosas, pues está convencido de que en estas puede intervenir el amor propio, al paso que en aquellas ciertamente se encuentra la voluntad de Dios.

[7] Seremos, pues, felices, si recibimos de Dios todo lo que dispone, en perfecta unión con su voluntad, sin preocuparnos si son o no conformes con nuestro gusto. De la santa madre Chantal: «¿Cuán-

do gustaremos las dulzuras de la voluntad divina en todo cuanto nos suceda, sin mirar más que al beneplácito divino, que con igual amor y para nuestro mayor provecho nos envía prosperidades y adversidades? ¿Cuándo nos arrojaremos en los brazos de nuestro amantísimo Padre celestial, dejándole el cuidado de nuestra persona e intereses, reservándonos solamente el deseo de agradarle?». De san Vicente de Paúl decían sus amigos: «Vicente siempre es Vicente», queriendo indicar con ello que en todo suceso, próspero o adverso, siempre se le encontraba con el rostro sereno, siempre igual a sí mismo, porque, abandonándolo todo en manos de Dios, nada temía y no apetecía más que lo que fuese del agrado de Dios. Santa Teresa escribe: «Aquella libertad de espíritu tan preciada y deseada que tienen los perfectos, adonde se halla toda la felicidad que en esta vida se puede desear; porque, no queriendo nada, lo poseen todo».

[8] Muchos, por el contrario, se forjan la santidad conforme a sus inclinaciones: el melancólico anhela por la soledad; el activo, por predicar y por poner paz; el duro, por ejercitarse en penitencias y maceraciones; el generoso, por la limosna; unos se dan al ejercicio de variadas oraciones vocales; otros, a la visita de santuarios, y todos creen que en ello consiste la santidad. Las obras externas son fruto del amor a Jesucristo, pero el verdadero amor consiste en conformarse en todo con la voluntad de Dios y, por consiguiente, en renunciar a sí mismo y buscar lo que es más agradable a Dios, porque Él así lo merece.

[9] Otros quieren servir a Dios, pero en tal empleo, en tal lugar, con determinados compañeros o en otras circunstancias semejantes; de no ser así, dejan de obrar o lo hacen de mala gana. Estos tales no son libres de espíritu, sino esclavos del amor propio, y, por eso, poco mérito alcanzarán en cuanto hagan; al contrario, siempre viven inquietos, porque, aferrados a la propia voluntad, sentirán pesado el yugo de Jesucristo. Los verdaderos amantes de Jesucristo solo buscan lo que a Él agrada, y cuando lo quiera, y donde lo quiera, y en el modo que lo quiera: sea empleándolos en ocupaciones honrosas, sea en menesteres ordinarios y humildes; sea en vida de brillo o en vida obscura y menospreciada. Esto exige el puro amor de Jesucristo y en esto debiéramos ejercitarnos, combatiendo contra los apetitos del amor propio, que quisiera vernos ocupados en aquellos ministerios solamente que traen honra consigo o son de nuestras inclinaciones. Pero ¿qué importa ser el más honrado del mundo, el más rico y el más grande, contra la voluntad de Dios? Decía el beato Enrique Suso: «Prefiero ser el más vil gusanillo de la tierra por voluntad de Dios que serafín del cielo por propia voluntad».

[10] Dice Jesucristo: «Muchos me dirán aquel día: Señor, Señor, ¿no profetizamos en tu nombre, y en tu nombre expulsamos demonios, y en tu nombre hicimos muchos milagros? Y entonces les declararé: Jamás os conocí, apartaos de mí los que obráis la iniquidad» (Mt 7,22-23). Apartaos, pues no os reconozco por discípulos míos, ya que antes quisisteis seguir vuestros apetitos que mi voluntad. Y esto se aplica especialmente a aquellos sacerdotes que se fatigan en el perfeccionamiento y salvación de los demás y ellos siguen viviendo estancados en sus imperfecciones.

La perfección consiste:

Primero, en un verdadero desprecio de sí mismo.

Segundo, en la total mortificación de los malos apetitos.

Tercero, en la perfecta conformidad con la voluntad de Dios.

El que carece de alguna de estas virtudes está fuera del camino de la perfección. Por eso decía un gran siervo de Dios que más valía en nuestras acciones tener por fin la voluntad de Dios que la gloria de Dios, porque, cumpliendo con la voluntad de Dios, también procuramos su gloria, al paso que, si nos proponemos la gloria de Dios, nos podemos engañar, a las veces, haciendo nuestra voluntad con pretexto de hacer la de Dios. Escribe san Francisco de Sales: «Muchos dicen al Señor: "Me consagro a ti sin reserva", y pocos son los que se abrazan con la práctica de este entregamiento, que no es otra cosa que la perfecta indiferencia en aceptar todo lo que nos acontece, como nos vaya aconteciendo, según el orden de la divina Providencia, ya sean aflicciones o ya consuelos, desprecios y baldones, como honores y gloria».

[11] En el padecer y en el abrazar con alegría las cosas desagradables y contrarias al amor propio, se conoce quién ama a Jesucristo. Dice Tomás

de Kempis que no puede llamarse digno amador
quien no está aparejado a sufrirlo todo y seguir en
todo la voluntad del amado. Y, por el contrario, el
P. Baltasar Álvarez decía que quien se conforma
pacientemente con el querer divino en los trabajos, va hacia Dios en diligencia. Y la santa madre
Teresa escribe: «¿Qué mayor adquisición podemos
hacer que tener algún testimonio de que damos
gusto a Dios?». Y yo añado que no podemos tener
testimonio más cierto de que damos gusto a Dios
que abrazar alegremente las cruces que Él nos envía. Agradece el Señor que le agradezcamos los beneficios que nos dispensa en esta vida, pero, como
dice el venerable Juan de Ávila, «más vale en las
adversidades un gracias a Dios que seis mil gracias
en la prosperidad».

[12] Aquí se advierte que no solo debemos recibir con resignación los padecimientos que directamente provengan de la mano de Dios, como
enfermedades, poco talento, pérdida casual de la
hacienda, sino también los que indirectamente
provienen de Él, y de los hombres directamente,
como persecuciones, hurtos, injurias, pues en realidad todo proviene de Dios. Cierto día David fue
injuriado por un vasallo llamado Semeí, quien le
maltrató no solo de palabra, sino a pedradas. Hubo
quien le quería decapitar, pero David respondió al
temerario: «Dejadle que insulte, porque Yavé se lo
ha indicado» (Sam 16,10). Como si dijera: Dejadle
decir, pues el Señor le ordenó que me maldijera,
Dios se vale de Semeí para castigo de mis pecados
y por eso permite que así me injurie.

[13] De ahí que santa María Magdalena de Pazzi dijese que debemos enderezar todas nuestras oraciones a recabar de Dios la gracia de seguir en todo su santa voluntad. Almas hay que, engolosinadas con los gustos espirituales de la oración, van tan solo en seguimiento de gustos y ternuras en que deleitarse; pero las esforzadas, que arden en deseos de ser todas de Dios, no piden sino luces para entender su santa voluntad y fortaleza para cumplirla perfectamente.

Para alcanzar la perfección del amor es necesario someter en todo nuestra voluntad a la de Dios. «No creáis –decía san Francisco de Sales– haber llegado a la pureza que habéis de ofrecerle, mientras no sea vuestra voluntad del todo suya, aun en las cosas más repugnantes, y todo ello alegremente». Pues, como afirma santa Teresa: «No puede menos, si va con la determinación que ha de ir, de traer al Todopoderoso a ser uno con nuestra bajeza y transformarnos en sí, y hacer una unión del Creador con la criatura». Sin embargo, nadie logrará alcanzar esto sino mediante la oración mental y continuas súplicas a la divina Majestad, con eficaz deseo de pertenecer completamente a Jesucristo, sin reserva alguna.

[14] ¡Oh Corazón amabilísimo de mi Salvador, Corazón enamorado de los hombres, que nos amas con tanta ternura, Corazón digno de ser el dueño y señor de nuestros corazones! ¡Si pudiera yo dar a conocer a todos el amor que les tienes y las finezas que usas con aquellos que te aman sin reserva! Acepta, Jesús, amor mío, el ofrecimiento y el ho-

locausto que hoy te hago de mi entera voluntad.
Dame a entender qué es lo que quieres de mí, que
yo quiero, con tu gracia, realizarlo.

De la obediencia

[15] Pero para saber y acertar en lo que Dios pide
de nosotros, ¿cuál será el medio más seguro? No lo
hay más seguro y cierto que la obediencia a los superiores y al director espiritual. Decía san Vicente
de Paúl: «Jamás se cumple mejor con la voluntad
de Dios que obedeciendo a los superiores». Ya el
Espíritu Santo había dicho: «La obediencia vale
más que el sacrificio» (Qo 4,17). Más agrada a Dios
el sacrificio que le hacemos de la propia voluntad,
sujetándola a la obediencia, que todos los demás
sacrificios que pudiéramos ofrecerle, porque en
ellos (limosnas, abstinencias, maceraciones y cosas
por el estilo) le damos parte tan solo, en tanto
que dándole la voluntad lo damos todo. Por ello,
cuando decimos a Dios: «Señor, dame a entender
por medio de la obediencia lo que de mí quieres,
que quiero hacerlo todo», ya no nos queda más que
ofrecerle.

[16] Quien se ha puesto bajo la obediencia tiene que desprenderse en todo del propio juicio.
«Que cada uno tenga opiniones particulares no
es contrario a la perfección –enseña san Francisco
de Sales–; lo que se opone a la virtud es el estar
aferrado a ellas». Y ¡cuán difícil es desprenderse de
este apego al propio parecer! De ahí que sean tan

contadas las almas que se consagren por completo a Dios, porque son pocas las que se someten a la obediencia. Los hay de tal manera aferrados a la propia voluntad, que cuando se les impone alguna obediencia, aunque sientan en ello placer, pierden la paz y lo hacen a disgusto, únicamente porque han de hacerlo por imposición, ya que solo están a gusto cuando hacen su propia voluntad. No es este el proceder de los santos, los cuales no encuentran la paz en las obras que les impone la obediencia. La santa madre Juana de Chantal, cierto día de recreo, dijo a sus hijas que emplearan el día en lo que quisieran, y al empezar la tarde fueron todas a suplicar a la superiora insistentemente que, en adelante, no volviera a concederles tal permiso, porque un día más fastidioso que aquel que habían vivido fuera de obediencia, jamás lo habían vivido.

[17] Es un engaño pensar que puede haber cosa mejor que la que se hace por obediencia. Dice san Francisco de Sales: «Descuidar un empleo mandado por la obediencia, para unirse con Dios en la oración, lectura o recogimiento, no sería más que separarse de Dios para unirse con el amor propio». A lo cual hay que añadir lo de santa Teresa, que quien ejecuta cualquier acción, aun sobrenatural, pero contra obediencia, obra instigado por el demonio y no por inspiración divina, como tal vez imagine, porque asegura la santa que «de un alma que está ya determinada a amaros y dejada en vuestras manos, no queréis otra cosa sino que obedezca y se informe bien de lo que es más servicio vuestro». Escribe en otro lugar: «Dios, del alma

que está resuelta a amarle solo desea que obedezca». «Vale más una obra hecha por obediencia –escribe el P. Rodríguez– que cualquier otra cosa que
nos pudiéramos imaginar. Más meritorio es levantar
una paja del suelo por obediencia que hacer larga
oración por voluntad propia y disciplinarse hasta
derramar sangre». Por ello decía santa María Magdalena de Pazzi que prefería estar empleada en un
ejercicio de obediencia más que en oración, porque
«obedeciendo, decía, estoy segura de ejecutar la
voluntad de Dios, pero no lo estoy tanto si me
meto en otro ejercicio». Y, según todos los maestros
de espíritu, preferible es dejar cualquier ejercicio
devoto por obediencia que hacerlo sin obediencia.
Reveló María Santísima a santa Brígida que el que
por obediencia sacrifica una mortificación que
deseaba hacer dobla la ganancia, ya que obtiene
el mérito de la mortificación que deseaba hacer y,
además, el mérito de la obediencia por la cual dejó
de mortificarse. Cierto día el célebre P. Francisco
Arias fue a visitar a su gran amigo el venerable
P. Juan de Ávila y lo halló triste y pensativo: se
interesó por el motivo, y el P. Juan le respondió
así: «¡Dichosos y felices vosotros, que vivís debajo
de obediencia y estáis siempre seguros de obrar
conforme a la voluntad de Dios! En cuanto a mí,
¿quién me dará prendas seguras de que agrado más
a Dios discurriendo por los pueblos y ciudades para
instruir a los pobres y abandonados o estándome
sentado en el confesonario en espera de los que
vienen?». Pero quienes viven bajo obediencia están seguros de que cuanto hacen por obedecer es
todo según la voluntad de Dios, que es lo que más

agrada. Sirva esto de consuelo de cuantos profesan obediencia.

[18] Para que la obediencia sea perfecta, se ha de someter el juicio y la voluntad. Obedecer con la *voluntad* equivale a decir obedecer de buena voluntad y no a la fuerza, como los esclavos. Obedecer con el *juicio* equivale a conformar nuestro juicio con el del superior, sin ponernos a examinar lo que se nos ha mandado y por qué se nos mandó. De aquí que dijera santa María Magdalena de Pazzi que «la perfecta obediencia pide un alma sin juicio». De igual modo, decía san Felipe Neri que para obedecer bien no basta con ejecutar lo que se ha ordenado, sino que se debe hacer sin reflexión, teniendo por cosa cierta que lo que nos manda la obediencia es para nosotros lo más perfecto que podemos llevar a cabo, aun cuando lo contrario fuese más perfecto delante de Dios.

[19] Y esto vale no solo para los religiosos, sino también para los seglares que viven sometidos a la obediencia de sus padres espirituales, a quienes deben acudir para que les señalen las reglas que han de seguir en sus asuntos espirituales o materiales; de este modo estarán seguros de hacer lo mejor en todo. Decía san Felipe Neri: «Quienes desean adelantar en los caminos de la virtud se sometan a un experimentado confesor a quien obedecer en nombre de Dios. Quien así hace, esté seguro de no tener que dar cuenta a Dios de lo que haga». Y más adelante decía: «Se tenga fe en el confesor, porque no consentirá el Señor que yerre y se equivoque,

pues no hay cosa mejor, para escapar a los lazos
del demonio, que someter, aun en buenas cosas,
nuestra voluntad a la de otro; así como tampoco
hay cosa más peligrosa que pretender regirse por el
propio parecer». Igualmente, hablando san Francisco de Sales de la dirección espiritual, para andar
seguro por los caminos de Dios, dice: «Este es el
principal de los documentos. Aun cuando andéis
buscándolo, no lo encontraréis mejor —dice san
Juan de Ávila—, pues no daréis con otro camino
tan cierto y seguro para hallar la voluntad de Dios
como este de la humilde obediencia, tan aconse-
jado y practicado por todos los antiguos ascetas».
Lo mismo dicen san Bernardo, san Bernardino de
Siena, san Antonino, san Juan de la Cruz, santa
Teresa, Juan Gersón y todos los teólogos y maestros
de espíritu. Y levantar dudas contra esta verdad
es, según san Juan de la Cruz, como dudar de la fe.
De aquí que entre las máximas de san Francisco
de Sales se hallen estas dos, que son de grande
consuelo para las almas escrupulosas: «Nunca
se ha perdido el verdadero obediente. Nos basta
saber del director espiritual que vamos por buen
camino, aunque ignoremos cómo vamos». Enseñan
varios doctores, tales como Gersón, san Antonino,
Cayetano, Navarro, Sánchez, Bonacina, Córdoba,
Castropalao, los Salmanticenses y otros, que los
escrupulosos están obligados con grave obligación
a obrar contra los escrúpulos cuando hay fundados
temores de que tales escrúpulos acarreen grave per-
juicio al alma y hasta al cuerpo, como sería perder
la salud o el juicio, razón por la cual los escrupulosos están más obligados a poner mayor escrúpulo

en la obediencia al confesor que en obrar contra los escrúpulos.

He aquí, pues, para concluir, una suma de toda la perfección y vida devota:

1º negarse a sí mismo;

2º obedecer a la voluntad de Dios;

3º pedirle que nos dé fuerzas para ejecutar lo uno y lo otro.

Afectos y plegarias

«¿Quién hay para mí en el cielo? Estando contigo no hallo gusto en la tierra. Mi carne y mi corazón se consumen. ¡Roca de mi corazón, mi porción, Dios por siempre!» (Sal 72,25-26). Amado Redentor mío, amabilidad infinita, ya que bajaste del cielo para darte todo a mí, ¿qué otra cosa puedo yo buscar en el cielo o en la tierra fuera de ti, que eres el sumo bien, el único bien digno de ser amado? Tú, Señor, que eres el único dueño de mi corazón, poséelo completamente, y que mi alma solo a ti ame, a ti solo obedezca y trate de agradar. Alégrense otros con las riquezas de este mundo, que yo nada quiero fuera de ti. Eres y serás mi riqueza en esta y en la otra vida. Te entrego, por tanto, Jesús mío, mi corazón y toda mi voluntad. Es verdad que en el pasado se rebeló contra ti, pero ahora te la consagro completamente. «Señor, ¿qué quieres que yo haga?» (He 9,6). Dime lo que quieres de mí y ayúdame, pues quiero hacerlo todo. Dispón de mí y de mis cosas según tu querer, que todo lo acepto y en todo me someto a ti.

¡Oh amor, digno de amor infinito!, tú me amas hasta morir por mí, y yo te amo con todo mi corazón, te amo más que a mí mismo y en tus manos encomiendo mi alma. Renuncio a todo afecto mundano; quiero desprenderme de todo lo terreno y me consagro completamente a ti; acéptame por los méritos de tu pasión y haz que te sea fiel hasta la muerte.

Jesús mío, Jesús mío, de ahora en adelante quiero vivir para ti y no quiero amar nada fuera de ti ni buscar más que ejecutar vuestra voluntad. Asísteme con tu gracia.

María, esperanza mía, ayúdame con tu protección.

Capítulo 14

Quien ama a Jesucristo, todo lo sufre por él, especialmente las enfermedades, la pobreza y los desprecios

La caridad lo soporta todo

[1] Hemos hablado en el capítulo 5 de la virtud de la paciencia en general. Aquí trataremos de modo particular de algunas cosas en que conviene ejercitar especialmente la paciencia.

Decía el P. Baltasar Álvarez que no pensase el cristiano haber hecho nada de provecho hasta llegar a tener en el corazón como grabados los dolores, la pobreza y los desprecios de Jesucristo, para sobrellevar con amorosa paciencia todo dolor, pobreza y desprecio por amor a Jesucristo.

Hablemos en primer lugar de los dolores y de las enfermedades corporales, los cuales, soportados pacientemente, nos granjearán una corona de merecimientos.

Decía san Vicente de Paúl: «Si conociésemos el precioso tesoro encerrado en las enfermedades, las recibiríamos con aquella alegría con que se reciben los más insignes beneficios». Por lo cual, hallándose el santo atormentado continuamente por tantas enfermedades, que a menudo no le dejaban reposo ni de día ni de noche, lo soportaba todo con tal paz y serenidad de rostro, sin la más mínima queja, que se diría no padecía mal alguno. ¡Qué edificante el enfermo que sufre la enfermedad con el rostro sereno de un san Francisco de Sales!, este en sus enfermedades se limitaba a exponer sencillamente al médico su mal, tomaba con escrupulosa exactitud los remedios que le recetaba, por desabridos que fuesen, y luego quedaba en paz, sin lamentarse de lo que padecía. Qué diferencia con algunos que, por cualquier malecillo que padecen, andan siempre lamentándose con todos y quisieran que todos, familiares y amigos, los rodearan compadeciendo sus males. Santa Teresa exhortaba así a sus religiosas: «Sabed sufrir un poquito por amor de Dios, sin que lo sepan todos». El venerable P. Luis de la Puente fue en un viernes santo regalado por Jesucristo con tantos dolores corporales, que no había en su cuerpo parte libre de particular tormento; contó a un amigo suyo este padecimiento, pero luego se arrepintió, de tal modo que hizo voto de no declarar a nadie lo que en adelante padeciese.

[2] Dije que *fue regalado*, porque los santos estimaban como regalos las enfermedades y dolores que el Señor les enviaba. Un día san Francisco de Asís se hallaba en cama, acabado de dolores, y un compañero que le asistía le dijo: «Padre, ruegue a Dios que le alivie este trabajo y que no cargue tanto la mano sobre vos». Al oír esto, se lanzó rápidamente el santo de la cama y, arrodillado en tierra, se puso a dar gracias a Dios de aquellos dolores, y, vuelto

al compañero, le dijo: «Sepa, hermano, que, si no supiese yo que había hablado por sencillez, no quisiera volverlo a ver».

[3] Algún enfermo dirá: A mí no me desagrada tanto padecer cuanto verme imposibilitado de ir a la iglesia para practicar mis devociones, comulgar y oír la misa; no puedo celebrar, ni siquiera puedo hacer oración, por los dolores y desvanecimientos de cabeza. Pero, por favor, dime: ¿para qué quieres ir a la iglesia o al coro? ¿Para qué ir a comulgar, a celebrar o a oír la misa? ¿Para agradar a Dios? Pero si ahora no le agrada a Dios que reces el oficio, que comulgues ni que oigas misa, sino que lleves con paciencia en el lecho las penalidades de la enfermedad... Si esta respuesta mía no es de su agrado, es señal de que no buscas lo que agrada a Dios, sino lo tuyo. El venerable P. Maestro Ávila, escribiendo a un sacerdote que se quejaba de este modo, le dice: «Amigo, no hagas el recuento de lo que harías estando sano, sino conténtate de estar enfermo porque eso le agrada a Dios. Si buscas la voluntad de Dios, ¿qué más da estar sano o enfermo?».

[4] Dices que no puedes hacer oración porque anda desconcertada la cabeza. Concedido: no puedes meditar, pero ¿y no puedes hacer actos de conformidad con la voluntad de Dios? Pues debes saber que, si te ejercitas en tales actos, tienes la mejor oración que puedes tener, abrazando con amor los dolores que te afligen. Así lo hacía san Vicente de Paúl: cuando estaba gravemente enfermo, se ponía suavemente en la presencia de Dios, sin

violentarse en aplicar el pensamiento en un punto particular, y se ejercitaba de cuando en cuando en algún acto de amor, de confianza, de acción de gracias y, más a menudo, de resignación, mayormente cuando con más fiereza le asaltaban los dolores. San Francisco de Sales decía que «las tribulaciones, consideradas en sí mismas, son espantosas; pero, consideradas como voluntad de Dios, son amables y deleitosas». ¿Que no puedes hacer oración? Y ¿qué mejor oración que repetir las miradas al crucifijo, ofreciéndole los trabajos que sufres y uniendo lo poco que padeces a los inmensos dolores padecidos por Jesucristo en la cruz?

[5] Hallándose en cama una santa señora, víctima de graves dolencias, una criada le puso en las manos el crucifijo, diciéndole que rogase a Dios la librase de aquellos dolores; a lo que respondió la enferma: «Pero ¿cómo me pides que ruegue a Dios que me baje de la cruz, teniéndole crucificado en mis manos? Líbreme Dios de ello, pues quiero padecer por el que padeció por mí dolores mayores que los míos». Que fue lo que el mismo Señor dijo a santa Teresa, hallándose enferma y muy atribulada, apareciéndosele todo llagado: «Mira estas llagas, que nunca llegarán aquí tus dolores». Por lo que la santa solía decir después, cuando le aquejaba cualquier enfermedad: «¡Oh, Señor mío!, cuando pienso por qué maneras padeciste, siendo de hecho inocente, no sé qué me diga de mí, ni dónde tuve el seso cuando no deseaba padecer, ni a dónde estoy cuando me disculpo». Santa Liduvina estuvo treinta y ocho años en continuos padecimientos de

fiebres, gota, inflamación de la garganta y llagas por
todo el cuerpo; pero, teniendo siempre ante la vista
los dolores de Jesucristo, se la veía en cama alegre
y jovial. Se cuenta también de san José de Leonisa
que, teniendo el cirujano que hacerle una dolorosa
operación, ordenó lo ataran para evitar los movimientos por efecto del dolor, y el santo, tomando
en las manos el crucifijo, exclamó: «¿Para qué esas
cuerdas y para qué esas ataduras? Este es quien me
hará soportar pacientemente todo dolor por amor
suyo»; y así sufrió la operación sin proferir una queja. El mártir san Jonás, condenado a permanecer
durante una noche dentro de un estanque helado,
dijo por la mañana que nunca había pasado una
noche tan tranquila como aquella, porque se había
representado a Jesucristo pendiente de la cruz, y así
sus dolores, en comparación con los de Cristo, se
le habían hecho más bien regalos que tormentos.

[6] ¡Cuántos méritos se pueden alcanzar con solo
sufrir pacientemente las enfermedades! El P. Baltasar Álvarez vio la gloria que Dios tenía preparada
a una religiosa ferviente que había sufrido con
paciencia ejemplarísima la enfermedad, y decía
que más había merecido aquella religiosa en ocho
meses de enfermedad que otras de vida ejemplar
en muchos años. Sufriendo con paciencia los
dolores de nuestras enfermedades se compone en
gran parte, quizás la mayor, la corona que Dios nos
tiene dispuesta en el paraíso. Esto precisamente se
le reveló a santa Liduvina, quien, después de haber
sobrellevado tantas y tan dolorosas enfermedades
como arriba se apuntó, deseaba morir mártir por

Jesucristo, cuando un día que suspiraba por tal martirio vio una hermosa corona, pero no acabada aún, y oyó que se preparaba para ella, por lo que la santa, deseosa de que se acabara, pidió al Señor que le acrecentara los dolores. El Señor la escuchó; unos soldados la maltrataron no solo de palabra, sino apaleándola. Luego se le apareció un ángel con la corona ya acabada y le dijo que aquellos últimos tormentos habían terminado de engastar las perlas que faltaban, y poco después murió.

[7] ¡Qué agradables y dulces son los dolores e ignominias para las almas que aman ardientemente a Jesucristo! Por eso los mártires afrontaban con tanta alegría los potros de tormento, los garfios de hierro, las brasas y el hacha del verdugo. San Procopio, mártir, dijo al verdugo que le atormentaba: «Tortúrame cuanto quieras que, para el que ama a Jesucristo, no hay cosa más querida que padecer por su amor». San Jordán dijo al tirano que lo amenazaba de muerte: «Tú me amenazas de muerte, y yo siento no poder morir más que una vez por mi amado Jesús». Y yo pregunto: ¿Es que estos santos hablaban así porque eran insensibles a los tormentos o porque eran estúpidos? No, responde san Bernardo: «Esto no lo hizo la insensatez, sino el amor». Bien que sentían los dolores de los tormentos que les daban, pero porque amaban a Dios, consideraban alta ganancia dárselo todo y perderlo todo, hasta la vida, por amor de Dios.

[8] En la enfermedad debemos estar preparados para aceptar la muerte y precisamente la que Dios

disponga. Tenemos que morir, y en nuestra última enfermedad ha de concluir nuestra vida, y no sabemos cuál es la última. Por eso en toda enfermedad estemos preparados para abrazar la muerte que Dios ha determinado.

Un enfermo dirá: Pero ¡yo he cometido tantos pecados y no he hecho nada de penitencia! Querría vivir, no por vivir, sino para dar a Dios alguna satisfacción antes de morir. Pero, hermano mío, ¿cómo sabrás que viviendo harías penitencia y no serías peor que antes? Ahora puedes esperar de Dios que te habrá perdonado. ¿Qué mejor penitencia que esta de aceptar con resignación la muerte si Dios así lo quiere? San Luis Gonzaga, muriendo joven, de veintitrés años, abrazó alegremente la muerte con este pensamiento: «Ahora me encuentro, como espero, en gracia de Dios. Más adelante no sé qué hubiera sido de mí, por lo que muero contento si le agrada a Dios llamarme ahora a la otra vida».

Era el pensamiento del P. Juan de Ávila: aunque uno estuviera medianamente dispuesto, pero en gracia, debiera desear la muerte para salir del peligro de pecar y perder la gracia de Dios, peligro que nos acecha siempre.

[9] Por nuestra fragilidad, no podemos vivir en este mundo sin cometer pecados, al menos veniales. Bajo este aspecto de no ofender a Dios, debiéramos abrazar con alegría la muerte. Además, si verdaderamente amamos a Dios, debiéramos suspirar ardientemente por ir a verlo y amarlo con todas nuestras fuerzas en el paraíso, pues nadie puede

amar a Dios perfectamente en esta vida, y si la muerte no nos abre la puerta, no podemos entrar en la patria bienaventurada del amor. Por eso exclamaba el gran enamorado de Dios, san Agustín: «¡Señor, hazme morir, porque si no muero, no puedo ir a verte ni amarte cara a cara!».

[10] En segundo lugar, es menester ejercitar la paciencia cuando se sufre la pobreza.

Es cierto que se necesita ejercitar mucho la paciencia cuando faltan los bienes temporales. Decía san Agustín: «Quien no tiene a Dios, no tiene nada, y quien a Dios tiene, lo tiene todo». Quien posee a Dios y está unido a su voluntad, halla en Dios toda suerte de bienes. Ved a un san Francisco, descalzo, vestido de saco y pobre en todo, que, al decir: «Mi Dios y mi todo» se siente más rico que todos los monarcas de la tierra. Se llama pobre el que desea los bienes de que carece, y plenamente rico el que no desea cosa alguna, sino que se contenta con su pobreza. De estos tales dice san Pablo: «No tienen nada y lo poseen todo» (2Cor 6,10). Nada tienen y lo tienen todo los verdaderos amantes de Dios, porque, cuando les faltan los bienes terrenales, se complacen en repetir: «Jesús mío, tú solo me bastas», y así quedan contentos.

Los santos no solo soportaron pacientemente su pobreza, sino que se despojaron de todo para vivir desprendidos y unidos solamente a Dios. Si carecemos de ánimo para renunciar a todos los bienes de la tierra, al menos contentémonos con el estado en que nos colocó el Señor, dirigiendo nuestra solicitud no a amontonar riquezas terrenas, sino las celestiales, que son eternas e inmensamente mayores, por ser eternas. Persuadámonos de lo que dice santa Teresa: «Mientras menos tuviéramos acá, más gozaremos en aquella eternidad».

[11] Decía san Buenaventura que la abundancia de los bienes temporales es a manera de liga del alma, que impide volar hacia Dios. Al paso que san Juan Clímaco afirmaba que «la pobreza es el más apropiado camino para dirigirse a Dios sin tropiezo».

Dice el Señor: «Bienaventurados los pobres de espíritu, porque de ellos es el reino de los cielos» (Mt 5,3). A las demás bienaventuranzas, a los mansos y a los limpios de corazón, les prometió el cielo en el futuro, empero a los pobres se les promete el cielo, esto es, el gozo celestial, aun en esta vida: «de ellos es el reino de los cielos»; sí, porque aun en esta vida los pobres disfrutan de anticipado paraíso. Entiéndese aquí por «pobres en el espíritu» no solo quienes carecen de riquezas terrenas, sino más bien los que no las desean, viviendo contentos al tener lo suficiente para alimentarse y vestirse, como nos exhorta el apóstol: «Y como tengamos alimentos y abrigos, con eso nos contentaremos» (1Tim 6,8).

«¡Dichosa pobreza —exclamaba san Lorenzo Justiniano—, que nada posee y nada teme! Siempre está alegre y siempre vive en la abundancia, y cuantas incomodidades sufre las pone todas al servicio del alma». Escribe san Bernardo que el avaro tiene sed de lo terreno, como el mendigo, mientras que el pobre lo desprecia todo, como dueño y señor.

[12] Dijo un día Jesucristo a la beata Ángela de Foligno: «Si no fuese la pobreza un gran bien, no la habría yo elegido para mí ni la hubiera dejado en herencia a mis elegidos». En efecto, los santos amaron tanto la pobreza porque consideraron a Jesucristo pobre. Dice san Pablo que el deseo de hacerse ricos es lazo del demonio, con el que ha logrado la perdición de no pocos hombres: «Los que pretenden ser ricos caen en la tentación y en el lazo y en muchas codicias insensatas y perniciosas, las cuales hunden a los hombres en el abismo de la ruina y de la perdición» (1Tim 6,9). ¡Infelices quienes por los míseros bienes de este mundo pierden el bien infinito, que es Dios!

Razón tenía san Basilio, mártir, cuando el emperador Licinio le propuso, si renegaba de Cristo, hacerlo príncipe de sus sacerdotes, a lo que el santo respondió: «Decid al emperador que, aun cuando me diera todo su imperio, no me daría tanto cuanto me quitaría haciéndome perder a Dios». Dios, pues, nos debe bastar y los bienes que nos da; regocijémonos, pues, cuando nos veamos pobres y faltos de lo que deseáramos tener y no tenemos, que en esto está el mérito. «No es virtud la pobreza, dice san Bernardo, sino el amor a la pobreza». Hay muchos pobres, pero por cuanto no se abrazan con la pobreza, nada merecen; por ello dice san Bernardo que la virtud de la pobreza no consiste en ser pobre, sino en amar la pobreza.

[13] Este amor a la pobreza han de tenerlo, sobre todo, las personas religiosas que han hecho voto de pobreza. Muchos religiosos, continúa san Bernardo, «quieren ser pobres, pero sin que les falte nada». Estos tales, añade san Francisco de Sales, «quieren los honores de la pobreza, pero no sus incomodidades», pudiéndoles aplicar lo que la beata Salomé, clarisa, solía decir: «Será objeto de burla para los ángeles y los hombres la religiosa que pretenda ser pobre y se queje cuando le falte algo». No obran así las religiosas edificantes, sino que aman su pobreza más que cualquier otro bien. La hija del emperador Maximiliano II, clarisa descalza, llamada sor Margarita de la Cruz, compareciendo ante el archiduque Alberto, su hermano, con hábito remendado, vio que este se admiraba, como de cosa impropia de su nobleza, por lo que acudió ella: «Hermano mío, has de saber que me hallo más contenta con este andrajo que todos los monarcas con sus púrpuras». Santa María Magdalena de Pazzi decía: «¡Dichosos los religiosos que, desprendidos de todo, mediante la santa pobreza, pueden en verdad decir: "El Señor es el lote de mi heredad" (Sal 15,5). Dios mío, tú eres mi herencia y todo mi bien».

Santa Teresa, después de haber recibido varias limosnas de un mercader, le mandó decir que su nombre estaba escrito en el libro de la vida, y le dio por prenda de ello la pérdida de sus bienes terrenos; el mercader quebró efectivamente y vivió pobre hasta la muerte. Decía san Luis Gonzaga que no hay señal más cierta de pertenecer uno al número de los elegidos que verle temeroso de Dios y probado al mismo tiempo con trabajos y desolaciones en este mundo.

[14] De alguna manera también tiene que ver la virtud de la pobreza con el verse privado en esta vida de parientes y amigos por la muerte, y también en esto hay que ejercitar la paciencia. Algunos hay que, al perder un pariente o un amigo, pierden la tranquilidad, se encierran a llorar en su casa y, dándose a la tristeza, se tornan de tal modo impacientes, que se hacen inaguantables. ¿Queréis saber a quién dan gusto estos tales con tanto derramar lágrimas y afligirse tan amargamente? ¿A Dios? A Dios no, porque Dios quiere que nos conformemos con su voluntad. ¿Al alma cuya pérdida se llora? Tampoco, porque si está en el infierno, nos aborrece a nosotros y a nuestras lágrimas; si está en el cielo, quiere que deis gracias a Dios por ella, y si en el purgatorio está deseando que la socorráis con vuestras oraciones y os conforméis con la voluntad divina y os santifiquéis, a fin de reuniros un día con ella en el paraíso. Por eso, ¿de qué vale tanto llorar? El venerable P. José Caracciolo, teatino, cuando se le murió un hermano, hallándose rodeado de los parientes, que no cesaban de llorar, les dijo: «¡Ea!, dejemos estas lágrimas para algo más provechoso, para llorar la muerte de Jesucristo, que era nuestro padre, nuestro hermano y nuestro esposo, y murió por amor nuestro». En semejantes ocasiones obremos como el santo Job, quien, al oír la noticia de que se habían muerto los hijos, exclamó, conforme del todo con la voluntad de Dios: «El Señor me los dio, el Señor me los quitó. Bendito sea el nombre del Señor» (Job 1,21). Todo cuanto acaba de acontecerme ha sido del agrado divino, por eso lo es también del mío, por lo que siempre lo bendeciré.

[15] En tercer lugar, habemos de ejercitar la paciencia y demostrar nuestro amor a Dios, sufriendo con paz y alegría los desprecios que de los hombres recibimos.

Cuando el alma se consagra del todo a Dios, Dios mismo suele hacer o permitir que sea perseguida o vilipendiada. Cierto día se le apareció un ángel al beato Enrique Suso y le dijo: «Enrique, hasta ahora te mortificaste a tu gusto, ahora te mortificarás a gusto de los demás». Mirando al día siguiente por una ventana, vio a un perro que andaba destrozando un trapo y oyó una voz que decía: «Así será hecha jirones tu reputación por boca de los hombres». Enrique bajó entonces y recogió los jirones, que conservó para consuelo suyo cuando llegaran los días de los trabajos que se le predecían.

[16] Las afrentas y las injurias son las delicias que anhelan los santos. San Felipe Neri padeció en casa de san Jerónimo, en Roma, treinta años de malos tratamientos que algunos le dirigían, razón por la cual no quería abandonarla e ir al nuevo oratorio de la Chiesa Nuova, por él fundado, en que vivían sus queridos hijos, que le invitaban a retirarse allí con ellos, hasta que el Papa se lo ordenó con mandamiento formal. San Juan de la Cruz, obligado a mudar de aires debido a la enfermedad que lo llevó a la tumba, en vez de escoger monasterio cómodo y gobernado por un superior que lo estimaba mucho, eligió uno pobre que tenía por superior un adversario suyo, que por mucho tiempo, casi hasta el fin de la vida, lo maltrató y vilipendió de diversas maneras, llegando a prohibir a los religiosos fuesen a visitarlo. En esto ponían su placer los santos, en andar a la búsqueda de vilipendios. Santa Teresa escribió esta memorable máxima: «En esta casa y aun toda persona que quisiere ser perfecta, huya mil leguas de "razón tuve", "hiciéronme sinrazón", "no tuvo razón quien esto hizo conmigo"; de malas razones nos libre Dios. ¿Parece que había razón para que nuestro buen Jesús sufriese tantas injurias, y se las hicieses, y tantas sinrazones? La que no quisiere llevar cruz, sino la que le dieren muy puesta en razón, no sé yo para qué está en el monasterio; tórnese al mundo, adonde aún no le guardarán esas razones». Célebre fue la respuesta del Crucifijo al mártir san Pedro, que se lamentaba de que con tamaña sinrazón se le encarcelaba, sin haber hecho mal alguno: «Y yo, ¿qué mal hice, le preguntó el Señor, para verme crucificado y muriendo por los hombres?».

¡Cómo se consuelan los santos al ser injuriados, recordando las ignominias que padeció Jesucristo por nosotros! Interrogado san Lázaro por su esposa cómo podía tolerar tan pacientemente cuantas injurias le dirigían hasta sus mismos criados, respondió: «Me pongo a considerar los desprecios de Jesús, y veo que, comparados los míos con los suyos, son nada, y así Dios me da fortaleza para sobrellevarlos tranquilamente». En suma, las afrentas, la pobreza, los dolores y el resto de las tribulaciones que caen sobre el alma que no ama a Dios, le son ocasión para apartarse más de Él; pero, cuando caen sobre un alma que ama a Dios, son vínculo que más estrechamente la obligan a

unirse con Él y amarlo cada vez más. «Las grandes
aguas no podrían apagar el amor» (Cant 8,7). Los
trabajos, aun cuando sean muchos y graves, no
solo no extinguen, sino que aumentan las llamas
de la caridad en el corazón que no ama más que
a Dios.

[17] Pero ¿por qué nos carga Dios con tantas cruces y se complace en vernos atribulados, vilipen-
diados, perseguidos y maltratados por el mundo?
¿Es acaso un tirano, de condición tan cruel que se
complazca en vernos padecer? No; ni es tirano Dios
ni de cruel condición, sino todo piedad y amor hacia nosotros; baste solo pensar que nos amó hasta
morir por nosotros. Sí que se complace en vernos
padecer, pero por nuestro bien, para que, padeciendo en esta vida, nos veamos libres de padecer en
la otra por las deudas que hemos contraído con la
divina justicia; se complace porque quiere desasir-
nos de los placeres sensibles de este mundo, como
la madre, que, cuando quiere destetar al niño, pone
acíbar en el pecho para que le cobre aborrecimien-
to; se complace porque, sufriendo con paciencia
y resignación, le damos alguna prueba de nuestro
amor; y se complace, finalmente, porque con el
padecimiento conquistamos mayor gloria para el
paraíso. He aquí los fines, todos de compasión y de
amor, por los que el Señor se complace en vernos
padecer.

[18] Concluyamos este capítulo. Para ejercitar bien
la santa paciencia en todo género de tribulaciones
que nos acometan, es menester convencernos de

que todos los trabajos nos vienen de la mano de Dios, o bien directa o indirectamente por medio de los hombres. Por tanto, cuando nos veamos atribulados, agradezcámoselo al Señor y aceptemos con alegría de ánimo cuanto Él se sirva disponer para nuestro bien. «A los que aman a Dios todo les resulta para su bien» (Rom 8,28). Es más, cuando nos aflija cualquier trabajo, recordémonos del infierno que merecimos un día, ya que toda penalidad, comparada con las del infierno, será siempre infinitamente menor. Pero para sufrir con paciencia todo género de dolores y contrariedades, sobre todas las consideraciones, está la oración, con que alcanzaremos la ayuda y socorro divino que suplirá nuestra flaqueza. Así hicieron los santos, poniéndose en manos de Dios para superar toda suerte de persecuciones y tormentos.

Afectos y plegarias

Señor, estoy firmemente persuadido de que sin padecer y sufrir con paciencia no lograré conquistar la corona del paraíso. David decía: «De él viene mi esperanza» (Sal 61,6). Lo mismo digo yo: de ti me ha de venir la paciencia en el padecer. Me propongo aceptar con paz todas las tribulaciones, y, cuando sobrevienen, me contristo y desaliento; y si algo sufro, lo sufro sin merecimiento, sin amor, porque no sé sufrirlo por agradarte. Por favor, pues, Jesús mío, y por los merecimientos de tu paciencia al sufrir tantas penalidades por amor mío, concédeme la gracia de sufrirlo todo por amor tuyo.

Te amo con todo mi corazón, querido Redentor mío; te amo, sumo bien mío; te amo, amor mío, digno de infinito amor.

Me arrepiento sobre todo otro mal de cuantos disgustos te he procurado.

Te prometo aceptar resignadamente cuantos trabajos te dignéis enviarme, pero de ti espero el socorro para cumplir con esta resolución, especialmente para sufrir con paz los dolores de mi agonía y muerte.

Reina mía, María, alcánzame verdadera resignación en cuanto me reste que sufrir en la vida y en la muerte.

Capítulo 15

Quien ama a Jesucristo, cree en todas sus palabras

La caridad todo lo cree

[1] El amante da crédito a cuanto dice el amado; de ahí que cuanto mayor sea el amor del alma a Jesucristo, tanto mayor y más firme sea su fe. El buen ladrón, al ver a nuestro Redentor muriendo en cruz, sin haber hecho nada malo, y padeciendo con tanta paciencia, comenzó a amarlo, y luego, cautivo de tal amor e iluminado de luz divina, creyó que era verdaderamente el Hijo de Dios, acabando por rogarle que se acordara de él cuando estuviera en su reino.

[2] La fe es el fundamento de la caridad, sobre la que se funda, pero la caridad es la que perfecciona la fe. Quien cree con más firme y viva fe, con más intenso amor ama a Dios. La caridad hace que el hombre crea, no solo con el entendimiento, sino también con la voluntad; hay muchos que creen con solo el entendimiento y no con la voluntad, como los pecadores, que tienen por muy ciertas las verdades de la fe y a vuelta de ello se niegan a vivir conforme a los divinos mandamientos; estos

tales están muy débiles en la fe; si la tuvieran viva, creyendo que la divina gracia es el mayor de todos los bienes y que el pecado es el mayor de todos los males, en cuanto que priva de la divina gracia, ciertamente mudarían de vida. Y si prefieren los bienes de esta vida terrena al mismo Dios, es señal de que o no creen o creen con fe muy amortiguada. Quien, por el contrario, cree, no solo con el entendimiento, sino también con la voluntad, de suerte que no solo cree, sino que cree con gusto y gózase en ello, por el amor que tiene a Dios, este cree con perfección y se afana por conformar su vida con las verdades que cree.

[3] La falta de fe en quienes viven en pecado no nace de la obscuridad de la fe, porque, si bien las verdades que enseña son, por voluntad de Dios, obscuras para nosotros e impenetrables, a fin de que en el creer tuviéramos mérito, sin embargo, las verdades de la fe se manifiestan con tales señales y de tal manera brillan a nuestros ojos, que el no prestar asentimiento a ellas no solo sería imprudencia, sino también impiedad y locura. La debilidad de la fe de algunos trae su origen de sus corrompidas costumbres. Quien tiene en poco la amistad de Dios y la desprecia por no privarse de los placeres vedados, quisiera que no hubiese ley que los prohibiera ni castigo para el pecador, y por esto procura apartar la vista de las verdades eternas, de la muerte, del juicio, del infierno y de la justicia divina; y como tales verdades les espantan y emponzoñan amargamente sus deleites, ponen en tortura su cabeza para buscar argumentos, al menos aparentes,

con el fin de persuadirse y quererse convencer de
que no existen ni alma, ni Dios, ni infierno, para
poder vivir y morir como las bestias, que carecen
de ley y de razón.

[4] De esta misma fuente, esto es, de las relajadas
costumbres, brotaron, y cada día están brotando,
tantos libros y sistemas materialistas, indiferentes,
deístas y naturalistas; otros niegan la existencia
de Dios, otros la divina providencia, diciendo que
Dios, después de haber creado a los hombres, no se
preocupa más de ellos, si se salvan o se condenan;
otros niegan la divina bondad diciendo que Dios
ha creado muchas almas para el infierno, inducién-
dolas así a pecar para que se condenen y vayan a
maldecirlo para siempre en el fuego eterno.

[5] ¡Qué ingratitud y maldad la de los hombres!
Dios los ha creado por su infinita misericordia para
hacerlos eternamente bienaventurados en el cielo;
los ha colmado de luces, beneficios y gracias para
que conquisten la vida eterna; con este mismo fin
los redimió a puros dolores y con tanto amor, y
ellos se esfuerzan en negarlo todo para vivir a su
antojo y encenagados en los vicios. Pero no, que,
por mucho que se fatiguen estos desgraciados, no
podrán librarse del remordimiento de su mala conciencia ni del temor de la venganza divina.

Sobre este mismo asunto publiqué no hace
mucho una obra, titulada *La verdad de la fe,* en
la que probé con claridad el poco fundamento de
todos los sistemas de estos incrédulos modernos.
¡Si renunciasen a sus vicios y se diesen al amor

de Jesucristo, entonces ya no pondrían en tela de juicio las verdades de la fe y creerían firmemente todas las verdades reveladas por Dios!

[6] Quien ama a Jesucristo de todo corazón tiene siempre ante los ojos la consideración de las máximas eternas y conforme a ellas dirige sus acciones. Quien ama a Jesucristo comprende bien el dicho del Sabio: «Vanidad de vanidades, todo es vanidad» (Qo 1,2); que todas las grandezas terrenas son humo, engaño y podredumbre; que el único bien y la felicidad del alma consiste en amar a su Creador y cumplir su voluntad; que tanto somos cuanto somos ante Dios; que de poco vale ganar todo el mundo si se pierde el alma; que todos los bienes terrenos no pueden satisfacer plenamente el corazón humano, sino solo Dios; en una palabra, que hay que dejarlo todo para ganarlo todo.

[7] *La caridad todo lo cree.* Cristianos hay que no son tan perversos como los que acabamos de citar, que quisieran no creer en nada para darse con más desenfreno a los vicios y sin género alguno de remordimientos; otros, repito, creen, pero su fe es lánguida; creen en los sagrados misterios, creen las verdades reveladas en el evangelio, la Trinidad, la redención, los sacramentos y demás, pero no las creen todas. Jesucristo dijo: «Bienaventurados los pobres, bienaventurados los que están afligidos, bienaventurados los que se mortifican, bienaventurados los que son perseguidos, murmurados y maldecidos por los hombres» (Mt 5,5-10). Así habla Jesucristo en el evangelio. Y ¿cómo podrá

decirse que creen en el evangelio quienes dicen: Bienaventurados los que tienen dinero, bienaventurados los que no sufren, bienaventurados los que se divierten, desgraciados los que son perseguidos y maltratados por los demás hombres? De estos hay que decir que o no creen en el evangelio o que creen solo en parte. Quien cree por completo en el evangelio, estima como honra y merced de Dios en la tierra ser pobre, estar enfermo, vivir mortificado, despreciado y maltratado por los hombres. Así cree y así dice quien cree cuanto se dice en el evangelio y ama de corazón a Jesucristo.

Afectos y plegarias

Amado Redentor mío, vida del alma mía, creo que eres el único bien digno de ser amado. Creo que eres el mayor amor de mi alma, pues tú solo por mi amor has muerto acabado de dolores. Creo que en esta vida y en la otra no puede caberme en suerte mejor fortuna que amarte y cumplir tu voluntad. Todo lo creo firmemente, y por eso renuncio a todo para entregarme totalmente a ti y no desear nada más que a ti. Por los méritos de tu pasión, ayúdame y hazme ser lo que deseas que sea.

¡Verdad infalible!, en ti creo; ¡misericordia infinita!, en ti confío; ¡infinita bondad!, te amo; a ti me entrego sin reserva, amor infinito, ya que te has dado todo a mí en tu pasión y en el Sacramento del altar.

A ti me encomiendo, Madre de Dios, María, y refugio de pecadores.

Capítulo 16

Quien ama a Jesucristo, todo lo espera de él

La caridad todo lo espera

[1] La esperanza hace crecer la caridad y esta hace aumentar la esperanza. Esperar en la bondad divina, ciertamente acrecienta el amor a Jesucristo, y es sentencia de santo Tomás que, desde el mismo momento que esperamos algún bien de otro, comenzamos ya a amarlo. Por esto no quiere el Salvador que pongamos nuestra confianza en las criaturas: «No pongáis la esperanza en los príncipes» (Sal 145,2); y hasta maldice a quien confía en las criaturas: «Maldito el hombre que confía en el hombre» (Jer 17,5). Dios no quiere que confiemos en las criaturas, porque no quiere que pongamos en ellas nuestro amor. Decía san Vicente de Paúl: «Estemos sobre aviso para no fundarnos sobre la protección de los hombres, porque, cuando el Señor ve que nos apoyamos en ella, se aparta de nosotros. Por el contrario, cuanto más confiemos en Dios, tanto más adelantaremos en su amor». «De tus mandatos correré en la senda al ensancharme

tú el corazón» (Sal 118,32). Y ¡cómo corre veloz por los caminos de la perfección quien tiene el corazón dilatado por la confianza en Dios! No solo corre, sino que vuela, porque, teniendo puesta toda su confianza en el Señor, dejará de ser débil como antes y llegará a ser fuerte, con la fortaleza que Dios comunica a quienes en Él confían. «Los que esperan en el Señor renuevan las fuerzas, remontan el vuelo como águilas, corren y no se fatigan, andan y no se cansan» (Is 40,31). El águila, cuanto más alto vuela, más se aproxima al sol; e igual el alma, que cuanto más se apoya en la confianza en Dios, más se desprende de la tierra y más se une a Él por el amor.

[2] Ahora bien, así como la esperanza contribuye a aumentar el amor a Dios, también recíprocamente este aumenta la esperanza, porque la caridad nos hace hijos adoptivos de Dios. En el orden de la naturaleza somos hechura de sus manos, y en el orden sobrenatural venimos a ser, por los méritos de Jesucristo, hijos adoptivos de Dios y participantes de la naturaleza divina, como se expresa san Pedro: «Para que... os hagáis partícipes de la divina naturaleza» (2Pe 1,3-4). Y si la caridad nos hace hijos de Dios, nos hace también herederos del paraíso, como habla san Pablo: «Y si hijos, también herederos» (Rom 8,17); pues es propio que los hijos habiten la casa del padre, que los herederos perciban la herencia, razón por la cual la caridad aumenta la esperanza del paraíso. De aquí que las almas amantes no cesen de repetir: «Venga, venga tu reino».

[3] Por otra parte, Dios ama a quien le ama y colma de gracias a quien con amor le busca. Por lo que, en consecuencia, quien más ama a Dios, más espera en su bondad. Y de esta esperanza nace en los santos aquella inalterable tranquilidad que les conserva en perpetua alegría y paz aun en medio de las adversidades; porque, amando a Jesucristo y sabiendo cuán generoso es y liberal de sus dones con los que le aman, confían en Él y solo en Él hallan reposo. Por esta razón precisamente la esposa de los Cantares rebosaba en delicias, porque, al no amar más que a su amado, solo en Él descansaba; y sabiendo lo agradecido que es con quien le ama, no cabía en sí de gozo, por lo que de ella se escribió: «¿Quién es esa que sube del desierto apoyada en su amado?» (Cant 8,5). Razón tenía el Sabio al decir: «Viniéronme los bienes a una todos con ella» (Sab 7,11), porque con la caridad vienen al alma toda suerte de bienes.

[4] El objeto primario de la esperanza cristiana es la posesión de Dios en el cielo. Y no creamos que la posesión de Dios en el paraíso sea obstáculo a la caridad, porque la esperanza del paraíso está unida inseparablemente a la caridad, la cual en el cielo llega a su cabal perfeccionamiento. La caridad es aquel tesoro infinito que, como dice el Sabio, nos hace amigos de Dios: «Con sencillez aprendí y sin envidia la comunico; no me guardo ocultas sus riquezas, porque es para los hombres un tesoro inagotable, y los que la adquieren se granjean la amistad de Dios» (Sab 7,13-14). Escribe el angélico santo Tomás que la amistad tiene por fundamen-

to la comunicación de bienes, porque, no siendo la amistad más que un amor recíproco entre los amigos, es necesario que entre ellos se establezca la comunicación de bienes, como a cada uno conviene. Por eso decía el santo: «Si no hay comunicación alguna, tampoco habrá amistad»; y por eso también dijo Jesús a sus discípulos: «A vosotros os he llamado amigos, pues todas las cosas que de mi Padre oí os las di a conocer» (Jn 15,15). Porque había hecho a los apóstoles amigos suyos, por eso les había comunicado todos sus secretos.

[5] Dice san Francisco de Sales: «Suponiendo, por un imposible, que hubiese una bondad infinita, es decir, un Dios del cual no tuviésemos dependencia alguna ni con el cual pudiéramos tener unión ni comunicación de ningún género, ciertamente que la ha de tener en mayor aprecio y estima que a nosotros mismos y nos inclinaría a amarle; pero en hecho de verdad no le amaríamos, porque el amor pide unión; la caridad, en efecto, es amistad, y la amistad tiene por fundamento la comunicación y por fin la unión». Por tanto, enseña santo Tomás que la caridad no excluye el deseo de alcanzar las mercedes que Dios en el cielo nos tiene preparadas, sino que las hace considerar como el objeto principal de nuestro amor, que es el mismo Dios, que se deja ver y gozar de sus escogidos; porque es propio de la amistad que el amigo disfrute con el bien de su amigo.

[6] Esta es aquella mutua comunicación de dones de la que hablaba la esposa de los Cantares: «Mi

amado es mío y suya yo» (Cant 2,16). El alma se
da del todo a Dios en el cielo, y Dios se da del todo
al alma, en cuanto ella es capaz y conforme a la
medida de sus merecimientos. Pero, conociendo el
alma su pura nada, comparada con la infinita amabilidad de Dios, y viendo, por consiguiente, que
merece infinitamente más ser amado de ella que
ella merece serlo de Dios, desea más lo que Dios
quiere que su satisfacción propia, y por eso más se
goza en darse toda a Dios para complacerle que en
darse Dios todo a ella; y en tanto se complace que
Dios se dé todo a ella, en cuanto que, inflamada
con esa comunicación, se da toda a Dios con más
intenso amor. Goza ya de la gloria que Dios le comunica, pero su disfrute está en devolverlo todo
a Dios, contribuyendo así, en cuanto en su mano
está, a aumentarle su gloria. Viendo el alma a Dios
en el cielo, no puede menos de amarlo con todas
sus fuerzas. Dios, por su parte, no puede aborrecer
a quien le ama; y si, por un imposible, pudiera Él
aborrecer el alma que le ama, y el alma bienaventurada pudiera vivir en el cielo sin amar a Dios, más
presto se contentaría con padecer todas las penas
del infierno, con tal de que le fuera dada licencia
de amarlo, aun odiándola Él, que con vivir sin
amarle aun disfrutando todas las delicias del paraíso. Sí, porque, teniendo el alma cabal conocimiento de que Dios merece ser amado infinitamente
más que ella, desea mucho más amar a Dios que
ser amada de Él.

[7] «La caridad todo lo espera» (1Cor 13,7). La
esperanza cristiana, como la define santo Tomás

con el Maestro de las sentencias, «es una expectación cierta de la eterna bienaventuranza». La certidumbre nace de la infalible promesa de Dios de otorgar la vida eterna a sus fieles servidores. Pues bien, la caridad, así como quita el pecado, quita también los estorbos que impiden la consecución de la bienaventuranza eterna; y de ahí que cuanto más encendida sea la caridad, más firme y segura torne a nuestra esperanza, la cual, por el contrario, no puede ser obstáculo a la pureza del amor, puesto que el amor, como enseña san Dionisio Areopagita, por su naturaleza tiende a la unión con el objeto amado, o, como dice san Agustín, «es a manera de cadena de oro que une entre sí a los amantes». Y como quiera que esta unión no pueda realizarse a distancia, por eso, el que ama desea estar siempre junto al amado. Alejada la sagrada esposa de su amado, desfallecía y conjuraba a sus compañeras que le diesen a entender su pena, para que con su presencia fuese a consolarla: «Yo os conjuro, hijas de Jerusalén, si halláis a mi amado, ¿qué le habéis de anunciar? Que estoy enferma de amor» (Cant 5,8). El alma que ama mucho a Jesucristo no puede vivir en la tierra sin desear y esperar ir pronto al cielo a unirse con su amado Señor.

[8] De ahí que el desear ir a ver a Dios en el cielo, no tanto por el gozo que experimentaremos amándole, cuanto por el contento que amándole le daremos, sea un acto puro y perfecto de amor. Ni el gozo que experimentan los bienaventurados amando a Dios en el cielo es contrario a la pureza de su amor, porque tal gozo es inseparable de la caridad;

y también más se complacen los santos del cielo
en el amor que profesan a Dios que en el placer
que experimentan amándole. Dirá tal vez alguno:
«Desear mercedes es amor de concupiscencia y no
de amistad». Pero distingamos las mercedes temporales que prometen los hombres y las celestiales
que tiene Dios prometidas a quienes le aman. En
las que dan los hombres, distínguense la persona
de la cosa que da, porque, cuando un hombre da a
otro una recompensa, no se da a sí, sino solamente
sus bienes, en tanto que la principal merced que da
Dios a los elegidos es a sí mismo: «Yo seré para ti un
escudo. Tu premio será muy grande» (Gén 15,1).
Por lo cual, desear el paraíso es igual que desear a
Dios, que es nuestro último fin.

[9] Quiero presentar aquí una duda que puede
fácilmente asaltar al alma que ama a Dios y que
en todo desea conformarse con su santa voluntad.
Si por maravilla tuviera revelación de su condenación eterna, ¿estaría obligada a aceptarla para
conformarse en todo con la voluntad de Dios?
«No –responde santo Tomás–, pues consintiendo
en ello cometería pecado, porque sería lo mismo
que consentir vivir en un estado al cual va unido
inseparablemente el pecado, y esto es opuesto al
último fin que Dios le señaló, puesto que no crio
almas para el infierno, donde le odien, sino para el
cielo, donde le amen; de ahí que no quiera Dios
la muerte del pecador, sino que se convierta y se
salve». Añade el santo Doctor que el Señor no
quiere que nadie se condene sin pecado, y, «por
tanto, consentir en la final reprobación no sería

conformar su voluntad con la de Dios, sino estar sujeto al pecado».

Pero, si Dios, previendo el pecado de alguien, hubiese contra él decretado la eterna condenación, y tal determinación le fuere revelada, ¿estaría obligado a conformarse con ella? «De ninguna manera –vuelve a insistir el Angélico en el citado lugar–, porque en esta revelación debiera considerar, no un decreto irrevocable, sino una amenaza y conminación, dado caso de continuar en pecado».

[10] Pero apartemos de nuestra mente pensamientos tan sombríos, que no sirven más que para resfriar nuestra esperanza y nuestro amor. Amemos a Jesucristo cuanto podamos en este mundo; suspiremos a cada momento por verle en el paraíso para amarle allí con amor perfecto, y sea el principal objeto de nuestras esperanzas el subir al cielo para amarle allí con todas nuestras fuerzas. Cumplamos en esta vida con el precepto de amar a Dios con todo el ardor que nos sea posible: «Amarás al Señor, Dios tuyo, con todo tu corazón, y con toda tu alma, y con toda tu fuerza, y con toda tu mente» (Lc 10,27), aun cuando diga el Angélico que tal precepto no se pueda cumplir con toda su perfección en la tierra. Solamente Jesucristo, que fue Dios y hombre, y María Santísima, que estuvo llena de gracia, lo cumplieron perfectamente; nosotros, míseros hijos de Adán, heridos por el pecado, no podemos amar a Dios sin mezcla de imperfecciones, y solo en el cielo, cuando le contemplemos cara a cara, lo amaremos necesariamente con todas nuestras fuerzas.

[11] Este es, pues, el blanco hacia el cual hemos de dirigir todos nuestros deseos, todos nuestros suspiros, todos nuestros pensamientos y todas nuestras esperanzas: ir a ver y amar a Dios en el paraíso, para amarlo con todas nuestras fuerzas y gozar con el gozo del Señor. Sí, los bienaventurados disfrutan de su felicidad en aquel reino de delicias, pero su principal alegría, la que absorbe todas las demás alegrías, será conocer la felicidad infinita de que disfruta su amado Señor, pues aman a Dios inmensamente más que a sí mismos. Cada uno de ellos, por el amor que a Dios profesa, se tendría por dichoso de perder todas las delicias y contentos del paraíso y padecer todo género de tormentos a trueque de que a Dios no le faltara la más mínima parte de la felicidad de que disfruta. Pero, como ven que es infinitamente feliz y que esta felicidad es eterna, esto forma todo su paraíso. Así se entiende lo que el Señor dice a toda alma que entra en posesión de su gloria: «Entra en el gozo de tu Señor» (Mt 25,21). No entra el gozo en el bienaventurado, sino que este entra en el gozo de Dios, pues el gozo de Dios es el objeto del gozo del bienaventurado. De suerte que el bien de Dios será el bien del bienaventurado; las riquezas de Dios, sus riquezas, y suya, finalmente, la felicidad de Dios.

[12] Cuando el alma entra en el cielo, con la luz de la gloria contempla sin velos la infinita belleza de Dios, sintiéndose inundada y sumergida en el amor divino. De ahí que el bienaventurado quede como perdido felizmente y sumergido en el infinito

mar de inmensa bondad. Entonces se olvida de sí mismo y, embriagado en amor a Dios, no piensa más que en amarlo: «Se sacian de la abundancia de tu casa» (Sal 35,9-10). Los ebrios no piensan en sí, e igual el alma embriagada en amor divino no piensa más que en amar y complacer al amado; desea poseerlo por completo, desea entregársele del todo por el amor a cada instante, y ya lo tiene alcanzado, porque en todo momento se entrega a Dios sin reserva y Dios la abraza con infinito amor, y así apretada la tendrá por toda la eternidad.

[13] Así, pues, el alma en el cielo vive estrechamente unida con Dios y le ama con todas sus fuerzas, con amor consumado y perfecto, el cual, aunque limitado, porque el alma no es capaz de amor infinito, es, con todo, tal, que plena y cumplidamente la sacia, sin dejarle nada más que desear. Dios, por el contrario, se une del todo al alma, colmándola de sí mismo, según la capacidad de ella y merecimientos; y se une a ella no ya únicamente mediante sus dones, luces y amorosos atractivos, como hace con nosotros en la vida, sino mediante su divina esencia. Así como el fuego penetra el hierro y parece que todo lo convierte en sí mismo, de suerte que, si bien el alma no pierde su personalidad, no por eso deja de estar menos llena y abismada en aquel mar sin términos de la divina esencia, llegando al punto de quedar como anonadada y como si ya no fuese. Esta era la felicidad que el apóstol pedía para sus discípulos: «Qué seáis colmados de toda plenitud de Dios» (Ef 3,19).

[14] Este es el último fin que el Señor, en su bondad, nos tiene deparado en la otra vida; mientras que el alma no llegue a unirse con Dios en el cielo, que es donde se verifica la perfecta unión, no puede hallar en la tierra pleno reposo. Cierto que los amadores de Jesucristo hallan su paz en conformarse con la divina voluntad, pero no pueden hallar en esta vida pleno descanso, porque esto solo se alcanza cuando se logre el fin último, que es ver a Dios cara a cara y ser como consumido en su santo amor. Mientras el alma no consiga este fin, estará siempre inquieta, gimiendo y llorando: «He aquí que la enfermedad se ha trocado en salvación» (Is 38,17).

[15] Sí, Dios mío, vivo en paz en este valle de lágrimas porque esta es tu voluntad, pero no puedo menos que probar una amargura inexplicable viéndome separado de ti y no unido todavía perfectamente a ti, que eres mi centro, mi todo y mi cumplido reposo.

Y aunque los santos ardían en este mundo en amor a Dios, con todo, siempre estaban suspirando por el paraíso. David exclamaba: «Yo en la justicia contemplaré tu rostro, al despertar me saciaré de tu semblante» (Sal 16,15). Y san Pablo decía de sí: «Deseo partir y estar con Cristo» (Flp 1,23). San Francisco de Asís añadía: «Tan grande es el bien que espero, que se me trueca en dulzura todo tormento». Todos estos eran actos de perfecta caridad. Enseña el Angélico que el grado más elevado de caridad a que puede llegar el alma en esta vida es desear ardientemente ir al cielo para unirse con

Dios y gozar de Él eternamente. Pero este disfrutar de Dios en el cielo, como hemos ya apuntado, no consiste tanto en recibir el alma el gozo que Dios le da, cuanto en gozar del gozo de Dios, a quien el alma ama más que a sí misma.

[16] La mayor pena que en el purgatorio padecen las ánimas benditas es el deseo en que arden de poseer a Dios, que aún no poseen. Este tormento afligirá especialmente a las almas que tuvieron pocos deseos en la vida de ir al paraíso. Dice el cardenal Belarmino que hay en el purgatorio un lugar denominado *cárcel de honor*, donde hay almas que no padecen pena alguna de sentido, sino solamente el verse privadas de la vista de Dios. Se cuentan de esto no pocos ejemplos en las vidas de san Gregorio, el venerable san Beda, san Vicente Ferrer y santa Brígida. Este género de tormentos se impone, no por los pecados cometidos, sino por la frialdad en desear el paraíso. Muchos aspiran a la perfección y, a vuelta de ello, son indiferentes en el deseo de ver a Dios o seguir viviendo en la tierra. Pero como la vida eterna es un bien tan grande que Jesucristo nos mereció con su muerte, justo es que un día castigue a estas almas que le desearon poco en la vida.

Afectos y plegarias

¡Dios mío, Creador y Redentor mío!, me creaste para el paraíso, me sacaste del infierno para llevarme al cielo, y yo tantas veces te ofendí, renuncian-

do con descaro al paraíso consintiendo ser condenado al infierno. Pero sea por siempre bendita tu
misericordia infinita, que, perdonándome, como
lo espero, tantas otras veces, me libró de caer en
el infierno. ¡Ojalá, Jesús mío, que no te hubiera
nunca ofendido! ¡Ojalá que te hubiera siempre
amado! Me consuela pensar que aún tengo tiempo
de amarte.

Te amo, amor del alma mía, te amo con todo mi
corazón y te amo más que a mí mismo.

Veo que me quieres salvar, para que te ame por
toda la eternidad en el reino del amor. Te lo agra-
dezco y te ruego que me asistas en lo que me queda
de vida, en la que quiero amarte para amarte en la
otra por toda la eternidad.

Jesús mío, ¿cuándo llegará el día en que me
vea libre del peligro de volverte a perder y en que,
consumiéndome en tu amor, a vista de tu infinita
belleza, me vea como obligado a amarte? ¡Dulce
necesidad, feliz, amada y deseada necesidad, que
me librará de todo temor de desagradarte y me
obligará a amarte con todas mis fuerzas!

Mi conciencia me asusta y me dice: ¿Cómo
puedes tú pretender el paraíso? Pero tus méritos,
Redentor mío, son mi esperanza.

¡María, Reina del paraíso!, tu intercesión ante
Dios es omnipotente; en ti confío.

Capítulo 17

Quien ama a Jesucristo ardientemente, no deja de amarlo en medio de todas las tentaciones y desolaciones

La caridad todo lo soporta

[1] Las penas que más afligen en esta vida a las almas amantes de Dios no son la pobreza, ni la enfermedad, ni los desprecios, ni las persecuciones, sino las tentaciones y desconsuelos espirituales. Cuando el alma disfruta de la amorosa presencia de Dios, todos los dolores, ignominias y malos tratamientos de los hombres, en vez de afligirla, la consuelan más, por la ocasión que le brindan de ofrecer a Dios alguna muestra de su amor; esas contrariedades son a manera de leña acumulada al fuego. Pero, cuando en la tentación se ve expuesta a perder la divina gracia y entre los desconsuelos le parece haberla ya perdido, estas son penalidades harto amargas para quien ama de corazón a Jesucristo. Pero del mismo amor sacará tal alma la fortaleza para sufrirlo todo pacientemente y continuar el emprendido camino de la perfección. Y ¡cuánto progresan las almas con estas pruebas que suele hacer Dios de su amor!

I. De las tentaciones

[2] Para los que aman a Jesucristo no hay pena mayor que las tentaciones; el resto de los males, aceptados resignadamente, les inclinan a unirse más y más a Dios; pero, cuando se ven tentados a pecar y expuestos a separarse de Jesucristo, este tormento les es más amargo que todos los demás. Pero, adviértase aquí que, aun cuando las tentaciones que inducen al mal no provienen de Dios, sino del demonio o de nuestras malas inclinaciones: «Dios ni es probado por el mal, ni prueba a nadie» (Sant 1,13). Él a nadie tienta, sin embargo, el Señor permite a veces que sus más regaladas almas sean las más fuertemente tentadas.

Dios permite las tentaciones, primero para que con ellas reconozcamos mejor nuestra debilidad y la necesidad que tenemos de su ayuda para no caer. Cuando el alma se ve favorecida de Dios con divinas consolaciones, le parece que es capaz de superar todos los asaltos del enemigo y de realizar cualquier empresa por la gloria de Dios. Pero cuando se halla bravamente tentada, al borde del precipicio y a pique de sucumbir, entonces reconoce mejor su flaqueza e impotencia para resistir si Dios no la ayuda. Esto precisamente le pasó a san Pablo, que cuenta de sí mismo que el Señor permitió que fuera tentado con tentaciones carnales para que no se envaneciese de las revelaciones con que el Señor le había favorecido: «Y por esto, para que no me engría con la sublimidad de esas revelaciones, fue dado un aguijón a mi carne, un ángel de Satanás que me abofetea para que no me engría» (2Cor 12,7).

[3] En segundo lugar, Dios permite las tentaciones para que vivamos desprendidos de la tierra y deseemos más ardientemente ir a verlo en el cielo. De ahí que las almas buenas, al verse en esta vida combatidas noche y día por tantos enemigos, tienen tedio de la vida y exclaman: «Nuestra alma como un pájaro escapó del lazo de los cazadores» (Sal 123,7). Quisiera el alma volar hacia Dios, pero mientras viva en esta tierra se sentirá como ligada a ella y combatida de continuas tentaciones. Este lazo no se rompe sino con la muerte, por la que suspiran las almas amantes como por libertadora del peligro de perder a Dios.

[4] En tercer lugar, permite Dios que seamos tentados para enriquecernos de méritos, como fue dicho a Tobías: «Y puesto que eras acepto a Dios, necesario fue que la tentación te aquilatase» (Tob 12,13). El alma no por estar tentada ha de temer hallarse en desgracia de Dios; al contrario, ha de esperar más aún que es muy amada de Él. Es engaño del demonio hacer creer a ciertos espíritus pusilánimes que las tentaciones son pecados que empañan al alma. No son los malos pensamientos los que nos hacen perder a Dios, sino los malos consentimientos. Por vehementes que sean las sugestiones del demonio, por vivos que sean los fantasmas impuros que asalten la imaginación, mientras no consintamos en ello, lejos de manchar el alma, la vuelven más pura, más fuerte y más acepta a Dios. Dice san Bernardo que cuantas veces vencemos las tentaciones, conquistamos una nueva corona. Se apareció un ángel a cierto monje

cisterciense y le dio una corona, con orden de que se la llevase a otro monje y le dijera que la había merecido por la victoria que hacía poco había reportado sobre una tentación. Ni debe espantarnos que el mal pensamiento no se marche de la mente y siga atormentándonos; basta con que lo aborrezcamos y procuremos rechazarlo.

[5] Fiel es Dios, quien no permitirá que seáis tentados más de lo que podéis, dice san Pablo: «No habéis sufrido tentación superior a la medida humana. Y fiel es Dios que no permitirá seáis tentados sobre vuestras fuerzas. Antes bien, con la tentación os dará modo de poderla resistir con éxito» (1Cor 10,13). Por eso el Señor permite a menudo que las almas predilectas sean las más tentadas, para que hagan más acopio de méritos en esta vida y de gloria en el cielo. El agua estancada y muerta no tarda en corromperse. Así pasa con el alma que, entregada al ocio, sin tentaciones ni combates, se halla en peligro de perderse, ya complaciéndose en los propios méritos, ya pensando que ha llegado a la perfección; de esta suerte pierde el temor, se cuida bien poco de encomendarse a Dios y no trabaja por alcanzar la salvación eterna. Pero, cuando comienza a ser agitada de tentaciones y se ve en peligro de precipitarse en el abismo del pecado, recurre entonces a Dios, recurre a la divina Madre, renueva el propósito de morir antes que pecar, se humilla y se abandona en brazos de la divina misericordia, y así logra alcanzar más fortaleza y se une a Dios más estrechamente, como atestigua la experiencia.

[6] No por eso hemos de desear tentaciones, sino que siempre hemos de rogar a Dios que nos libre de ellas, y en especial de aquellas en que habríamos de consentir, que esto quieren decir las palabras del Padrenuestro: «No nos dejes caer en la tentación». Pero, cuando Dios permite que nos asalten, entonces, sin inquietarnos por feos y bajos que sean tales pensamientos, confiemos en Jesucristo y pidámosle su ayuda, que a buen seguro no nos faltará para resistir. Dice san Agustín: «Arrójate en sus brazos, desecha todo temor, que no se retirará para que caigas. Abandónate en manos de Dios sin temor alguno, porque, si Él te mete en el combate, no te dejará solo para que caigas en la lucha».

[7] Veamos los medios que hay que usar para vencer las tentaciones.

Muchos son los que señalan los maestros de la vida espiritual, pero el más necesario y seguro, del que voy a tratar, es el acudir prontamente a Dios con humildad y confianza, diciéndole: «Dios mío, ven en mi auxilio; Señor, date prisa en socorrerme» (Sal 69,2). Ayúdame, Señor, y ayúdame presto. Sola esta oración bastará para hacernos triunfar de los asaltos de todos los demonios del infierno que se conjuren para combatirnos, porque Dios es infinitamente más poderoso que todos los demonios. Bien sabe Dios que no tenemos fuerza para hacer frente a las tentaciones de los poderes infernales; por eso dice el doctísimo cardenal Gotti que, cuando nos veamos combatidos y estemos a punto de sucumbir, Dios está obligado a prestarnos su ayuda para resistir, con tal de que se la pidamos.

[8] Y ¿cómo podríamos temer que Jesucristo no nos ayudara, después de tantas promesas hechas en este sentido en las Sagradas Escrituras? «Venid a mí todos cuantos andáis fatigados y agobiados, y yo os aliviaré» (Mt 11,28). «E invócame en el día de la angustia, yo te libraré y tú me honrarás» (Sal 49,15). «Entonces clamarás, y Yavé te responderá; pedirás auxilio, y contestará: ¡Heme aquí!» (Is 58,9). «¿Quién le invocó y fue de Él despreciado?» (Si 2,10). David, por este medio de la oración, estaba seguro de que no habría de ser vencido de sus enemigos, y decía: «Invoco al Señor que es digno de alabanza, y quedo a salvo de mis enemigos» (Sal 17,4). Bien sabía que Dios está cerca de quienes le llaman en su ayuda: «Cerca está el Señor de cuantos le invocan» (Sal 144,18). Y san Pablo añade que el Señor no es avaro, sino rico de gracias para cuantos le invocan (Rom 10,12).

[9] ¡Ojalá todos los hombres recurriesen a Dios cuando se ven tentados de ofenderle! Caen los desventurados, porque, aguijoneados por sus perversos apetitos, por no perder pasajeros deleites, prefieren perder el sumo bien, que es Dios. Sobradamente lo atestigua la experiencia: quien acude a Dios en las tentaciones, no cae, y cae quien se olvida de acudir a Él, y especialmente en las tentaciones contra la pureza. Salomón decía que sabiendo que no podía ser fiel si Dios no se lo otorgaba se lo pidió a Dios: «Comprendiendo que no podía poseer la sabiduría si Dios no me la daba, y ya era un fruto de la prudencia saber de quién procede esta gracia, recurrí al Señor y le pedí» (Sab

8,21). En las tentaciones de impureza, e igual se puede decir en las tentaciones contra la fe, no se ha de luchar directamente con ellas, sino que hay que resistirlas con medios indirectos, ejercitándose en actos de amor a Dios o de dolor de los pecados y hasta distrayéndose con cualquier acción indiferente. Tan pronto como advirtamos que se presenta un pensamiento con visos de sospechoso, hemos de despacharlo al instante y darle, por decirlo así, con la puerta en la cara, negándole entrada en la mente, sin detenerse a descifrar lo que significa o pretenda. Tales malvadas sugestiones hay que sacudirlas luego, como se sacuden las chispas que pueden caer en la ropa.

[10] Cuando la tentación impura hubiera franqueado la mente y dejado sentir los primeros movimientos de los sentidos, dice san Jerónimo que entonces hay que redoblar la voz y clamar a Dios pidiéndole su ayuda, sin dejar de invocar los santísimos nombres de Jesús y de María, que tienen especial virtud contra esta suerte de tentaciones. Dice san Francisco de Sales que, cuando los niños divisan al lobo, se echan presto en brazos de su padre o de su madre y allí se sienten seguros. Así debemos hacer nosotros, correr presurosos a Jesús y a María con súplicas y peticiones. Repito: *correr presurosos*, sin prestar oídos a la tentación ni disputar con ella. Se cuenta en el parágrafo cuarto del libro de las *Sentencias* de los padres de la antigüedad que cierto día san Pacomio oyó que un demonio se lisonjeaba de haber hecho caer a un monje, porque cuantas veces lo tentaba le prestaba oídos, sin acu-

dir presto a Dios; y, por el contrario, oyó que otro demonio se lamentaba diciendo: «Pues yo con mi monje nada puedo, porque recurre prestamente a Dios y siempre me vence».

[11] Si la tentación continúa molestándonos, guardémonos de inquietarnos ni irritarnos por ello, pues el demonio puede valerse de tal inquietud nuestra para hacernos caer. Entonces es cuando debemos resignarnos humildemente a la voluntad de Dios, que se digna permitir que seamos tentados con tan bajos pensamientos. Bastará con que digamos: «Señor, bien merecido tengo ser molestado con estas tentaciones en castigo de las ofensas que te he hecho, pero a ti te toca socorrerme y librarme de caer». Y si, con todo, la tentación prosigue molestándonos, prosigamos invocando a Jesús y a María. Importa mucho entonces renovar la promesa hecha a Dios de sufrir toda suerte de trabajos y morir mil veces antes que ofenderle sin dejar de pedirle su ayuda. Y cuando las tentaciones fuesen tan violentas que nos viéramos en grave peligro de consentir, redoblemos el fervor de las oraciones y recurramos al Santísimo Sacramento, postrémonos a los pies del Crucifijo o de alguna imagen de la Santísima Virgen y roguemos con redoblado ardor, gimamos, lloremos y pidamos auxilio. Una cosa es cierta: que Dios está presto a escuchar a quien le ruega y que Él es, y no nuestra diligencia, quien nos dará valor para resistir; pero a las veces quiere el Señor nuestros esfuerzos para después suplir nuestra flaqueza y hacernos alcanzar la victoria.

[12] También es importante en tiempo de tentaciones hacer a menudo la señal de la cruz en el pecho y en la frente y, además, descubrir la tentación al director espiritual. Decía san Felipe Neri que tentación descubierta, tentación medio vencida. Bueno es advertir aquí, por ser doctrina admitida entre los teólogos, aun entre los rigoristas, que las personas que por mucho tiempo han vivido vida ejemplar y son temerosas de Dios, siempre que andan en dudas de si habrán consentido o no consentido en alguna culpa grave, deben estar seguras de no haber perdido la amistad de Dios, pues es moralmente imposible que la voluntad afianzada mucho tiempo en el bien obrar, en un momento se cambie y consienta en un pecado mortal sin conocerlo claramente. La razón de ello es que, siendo el pecado mortal tan horrible monstruo, no puede penetrar en el alma que por tanto tiempo lo ha aborrecido, sin que a las claras se dé a conocer. Esta doctrina la tenemos plenamente probada en nuestra *Teología Moral*. Santa Teresa solía decir: «Nadie se perderá sin entenderlo».

[13] De aquí se sigue que para algunas almas de conciencia delicada y bien fundadas en la virtud, pero tímidas y molestas de tentaciones, especialmente si son contra la fe o la castidad, será quizás conveniente que el director las prohíba hablar de ellas, ni aun darle cuenta de tales cosas, porque, para descubrirse al confesor, tendrán que hacer memoria de cómo entraron aquellos malos pensamientos y después si hubo delectación, complacencia o consentimiento; y de este modo,

mientras más reflexionan en ello, más se graban aquellas malignas fantasías y más turbación causan. Cuando el confesor está moralmente cierto de que el alma no consintió en tales sugestiones, más vale que le mande por obediencia no hablar de ellas. Y advierto que no de otra suerte obraba santa Juana de Chantal, quien cuenta de sí que durante muchos años fue combatida de horrendas tempestades de tentaciones, y, como no tenía conciencia de haber nunca consentido en ellas, jamás las descubrió en confesión, limitándose a decir, según la norma que el confesor le había dado para tales casos: «No tengo claro conocimiento de haber consentido», dando con esto a entender que después de cada tentación quedaba agitada de escrúpulos, a pesar de los cuales se aquietaba con la obediencia que el confesor le había impuesto de no confesar tales dudas. Por lo demás, mucho ayuda, generalmente hablando, para calmar las tentaciones, descubrirlas al confesor, como arriba queda apuntado.

[14] Pero vuelvo a decir que, entre todos los remedios para vencer las tentaciones, el más eficaz, el más necesario, el remedio de los remedios es acudir a Dios con la oración y no cesar de rogarle mientras dura la tentación. A veces tendrá el Señor guardada la victoria no para la primera súplica, sino para la segunda, la tercera o la cuarta. Persuadámonos, finalmente, de que de la oración depende todo nuestro bien; de la oración depende nuestra mudanza de vida; de la oración depende la victoria de las tentaciones; de la oración depende el alcan-

zar el amor divino, la perfección, la perseverancia
y la salvación eterna.

[15] Tal vez haya entre los lectores de mis obras
ascéticas alguno a quien se le haga enojosa tanta
insistencia en la importancia y necesidad de acudir
continuamente a Dios por medio de la oración. En
cambio, a mí se me hace que aún no he insistido
bastante, sino más bien poco. Comprendo sobradamente que todos, día y noche, estamos combatidos
por tentaciones infernales y que el demonio no ceja
en el empeño de buscar ocasiones para hacernos
caer. Sé que sin la ayuda divina no tendremos fuerzas para resistir los asaltos de los demonios, y que
por esto el apóstol nos exhorta a revestirnos de la
armadura de Dios: «Revestíos de las armas de Dios
para poder resistir las asechanzas del Diablo. Porque vuestra lucha no es contra la carne y la sangre,
sino contra los principados y contra las potestades
y contra los dominadores de este mundo tenebroso,
contra los espíritus del mal que están en las altu-
ras» (Ef 6,11-12). Y ¿cuáles son esas armas con las
que san Pablo nos enseña a armarnos para resistir a
los demonios? Estas: «Siempre en oración y súplica,
orando en toda ocasión en el Espíritu, velando jun-
tos con perseverancia e intercediendo por todos los
santos» (Ef 6,18). Estas armas son las continuas y
fervientes oraciones a Dios, a fin de que nos soco-
rra y no seamos vencidos. Las Sagradas Escrituras,
tanto en el Antiguo como en el Nuevo Testamen-
to, no hacen otra cosa que amonestarnos a rezar.
«Invócame y te libraré» (Sal 49,15). «Clama a mí y
te oiré» (Jer 33,3). «Es necesario rezar siempre y no

cansarse de rezar» (Lc 18,1). «Pedid y se os dará» (Mt 7,7). «Vigilad y orad para que no caigáis en la tentación» (Mt 16,41). «Orad constantemente» (1Tes 5,18). No me parece haber hablado demasiado de la oración, sino muy poco.

[16] Yo desearía que todos los predicadores nada recomendaran tanto a sus auditorios como la oración; que los confesores nada exhortaran con mayor calor que la oración; que los escritores ascéticos de nada escribiesen tanto como de la oración. Pero, por desgracia, no es así, y atribuyo a castigo de nuestros pecados el que predicadores, escritores y confesores hablen tan poco de la oración. Cierto que ayudan muy mucho a la vida espiritual los sermones, las meditaciones, las comuniones, las mortificaciones; pero si al venir las tentaciones no nos encomendamos a Dios, caeremos, a pesar de todas las predicaciones, de todas las meditaciones y de todos los buenos propósitos formulados. Por tanto, si queremos salvarnos, pidámosle siempre y encomendémonos a nuestro Redentor, especialmente en el momento de la tentación; y no nos contentemos con pedirle la santa perseverancia, sino pidámosle la gracia de pedírsela siempre. Encomendémonos siempre entonces a la divina Madre, que es la dispensadora de todas las gracias, como dice san Bernardo: «Busquemos la gracia, y busquémosla por medio de María». En efecto, el mismo santo nos da a entender que Dios no quiere dispensarnos gracia alguna sin que pase por manos de María: «Nada quiso Dios que tuviéramos que no pasase por manos de María».

Afectos y plegarias

¡Oh Jesús, Redentor mío!, espero que por los méritos de tu sangre me hayas perdonado las ofensas que te he hecho, y espero ir al paraíso a darte gracias por ello: «Cantaré eternamente las misericordias del Señor» (Sal 88,2). Veo que en lo pasado caí y volví a caer miserablemente, porque me olvidé de pedirte la santa perseverancia; esta perseverancia te pido ahora: «No permitas que me separe de ti. Me propongo pedírtela sin cesar, y en especial cuando me vea tentado a ofenderte. Así propongo y así prometo; pero ¿de qué serviría este mi propósito y promesa, si tú no me alcanzas la gracia de acudir a tus pies? ¡Ah!, por los méritos de tu pasión, concédeme esta gracia de acudir siempre a ti en todas mis necesidades.

María, Reina y Madre mía, te ruego, por el amor que tienes a Jesucristo, me alcances la gracia de recurrir siempre a tu Hijo y a ti durante toda mi vida.

II. De las desolaciones

[17] «Es un engaño –dice san Francisco de Sales– querer medir la devoción por los consuelos que experimentemos. La verdadera devoción en los caminos de Dios consiste en tener una voluntad firmemente resuelta a cumplir cuanto es del divino agrado». Dios, mediante las arideces, une consigo a las almas más predilectas. Lo que impide la verdadera unión con Dios es el apego a nuestras desordenadas inclinaciones; por tanto, cuando el

Señor quiere atraer un alma a su perfecto amor, busca cómo desprenderla de todos los afectos a los bienes temporales, a los placeres mundanos, a la hacienda, a los honores, a los amigos, a los parientes, a la salud corporal; y con tales medios de pérdidas, disgustos, desprecios, enfermedades y muertes, la va desprendiendo de todo lo creado, para que ponga en Él todos sus afectos.

[18] Para aficionarla después a los bienes espirituales, comienza el Señor por regalarla con muchos consuelos y abundancia de lágrimas y ternuras, con lo que el alma procura desprenderse de los placeres sensuales y trata de macerarse con penitencias, ayunos, cilicios y disciplinas. Entonces conviene que el director le vaya a la mano y le niegue la licencia de mortificarse, al menos tanto como quisiera, porque, llevada en alas del fervor sensible, podría con las indiscreciones dañar su salud. Este es un ardid del demonio, que, cuando ve que alguien se da a Dios, que le consuela con espirituales consolaciones, como suele hacer con los principiantes, trata el enemigo de arruinar la salud con indiscretas penitencias, a fin de que luego, con la enfermedad encima, deje no solo las penitencias, sino la oración, las comuniones y todos los ejercicios de devoción, retornando a la vida antigua. Por consiguiente, el director, con estas almas que comienzan a llevar vida espiritual y le piden licencia para ejercitarse en penitencias, debe ser muy parco en concedérselas, exhortándolas a la mortificación interna, sobrellevando pacientemente los desprecios y contrariedades, obedeciendo a

los superiores, refrenando la curiosidad de los ojos y los oídos y cosas por el estilo, prometiéndoles que más adelante, cuando las vea bien ejercitadas en la mortificación interior, entonces podrán hacerse dignas de ejercitarse en la exterior.

Por lo demás, es craso error decir, como algunos sostienen, que la mortificación externa de nada sirve o de muy poco. Cierto que para adelantar en perfección es más necesaria la mortificación interior, pero no por eso deja de ser también necesaria la exterior. Decía san Vicente de Paúl que quien no practica la mortificación externa no será mortificado ni interna ni externamente. Y añadía san Juan de la Cruz que no se ha de dar crédito a quien despreciara la mortificación de la carne, aunque hiciera milagros.

[19] Pero volvamos a nuestro asunto. Cuando el alma comienza a darse a Dios, gusta la dulzura de las consolaciones sensibles, las cuales son a manera de cebo que el Señor emplea para arrancarla de los placeres terrenos, desprenderla de las criaturas y llevarla a sí. Pero, como el alma se une a Dios más bien por los atractivos de los consuelos que siente que por la voluntad determinada de complacer a Dios, cree falsamente que su amor a Dios crece al paso que aumenta ese consuelo en las devociones. De aquí proviene que, cuando le turban en algún ejercicio de piedad en que se deleita, y tiene que emplearse en obras ajenas, sea de obediencia, de caridad u otras obligaciones de su estado, se inquieta y se turba: es este un defecto muy universal de la miseria humana, ir buscando en todas las

acciones la propia satisfacción; y cuando el alma no halla en sus ejercicios de devoción las antiguas satisfacciones, los abandona, o al menos los disminuye y, quitando de aquí un tantillo y mañana otro de allí, acaba por dejarlo todo. Esta desgracia acaece a tantas almas que, llamadas por Dios a su amor, comienzan a caminar por los caminos de la perfección y los siguen, mientras duran los consuelos, hasta que al cesar estos, abandónanlo todo y tórnanse a la vida antigua. Es necesario persuadirse que el amor de Dios y la perfección no consiste en experimentar ternuras y consuelos, sino en vencer el amor propio y cumplir la divina voluntad. San Francisco de Sales decía: «Dios es tan amable cuando nos consuela como cuando nos envía tribulaciones».

[20] Cuando se goza de consuelos espirituales no se precisa gran virtud para dar de mano a los gustos sensibles y sobrellevar las afrentas y contrariedades. En medio de estas dulzuras, el alma lo soporta todo; pero esta su fuerza más bien proviene de las caricias que Dios le prodiga que del verdadero amor de Dios. De aquí que el Señor, para afianzarla más en la virtud, le retire y le quite las dulzuras sensibles para desprenderla del amor propio, que de tales golosinas se alimentaba; por eso acontece que allí donde antes experimentaba gozo, haciendo actos de ofrecimiento, confianza y amor, después, cuando siente secas las venas de los consuelos, ejercítase en los mismos actos con frialdad y desabrimiento, hastiada de tedio en los más devotos ejercicios, en la oración, en la lectura

espiritual y en la comunión, sin dar más que con tinieblas y temores, haciéndosele que todo está ya perdido. Reza y vuelve a rezar y se entristece porque se le hace que Dios no quiere escucharla.

[21] Vengamos a la práctica de lo que hemos de hacer por nuestra parte.

Cuando el Señor misericordiosamente nos consuela con sus amorosas visitas y nos hace sentir la presencia de su gracia, no hay que rechazar estos divinos consuelos, como quieren algunos falsos místicos, sino aceptarlos agradecidamente, atentos siempre a no pararnos a gustar estas consolaciones y poner en ellas nuestro contento, porque esto sería lo que san Juan de la Cruz llama *gula espiritual*, la cual, sobre ser defectuosa, es desagradable a Dios. Esforcémonos, pues, por desterrar de la mente toda complacencia sensible en tales dulzuras y guardémonos especialmente de creer que Dios usa con nosotros de tales finezas porque las merecemos mejor que los demás. Este vano pensamiento obligaría al Señor a retirarse por completo de nosotros y abandonarnos a nuestras miserias. Lo que entonces hemos de hacer es agradecérselo fervorosamente, porque semejantes consuelos espirituales son dones extraordinarios que Dios hace al alma y que sobrepujan a todas las riquezas y honores temporales; pero, cuando nos veamos privados de la presencia del amado y de estos gustos sensibles, humillémonos, teniendo siempre ante la vista los pecados e infidelidades de la vida pasada. Recordemos entonces que tales amorosos tratos son puro efecto de la bondad de Dios y que tal vez, regalándonos el Señor de esta suerte, quiera fortalecernos de antemano para que llevemos en paciencia cualquier gran tribulación que nos quiera enviar. Por eso ofrezcámonos a padecer toda suerte de trabajos interiores y exteriores que nos sobre-vengan: enfermedades, persecuciones, desolaciones de espíritu, diciendo: «Heme aquí, Señor mío; haz de mí y de mis cosas cuanto te agrade; dame la gracia de amarte y de cumplir perfectamente tu voluntad, y nada más te pido».

[22] Cuando el alma está moralmente cierta de vivir en gracia de Dios, aunque privada así de los placeres del mundo como de los de Dios, con todo, está contenta, sabiendo que ama a Dios y que es amada de Él. Pero, cuando Dios quiere purificarla y despojarla de toda satisfacción sensible, para unirla completamente con Él mediante su puro amor, ¿qué es lo que hace? La mete en el crisol de las desolaciones, que es el más amargo tormento de cuantas penas interiores o exteriores puede padecer una persona; la priva de la certeza de hallarse en gracia de Dios y la sumerge en densas tinieblas, en medio de las cuales parece que el alma no encuentra a Dios. A veces permite Dios que la asalten tentaciones violentas de los senti-dos, acompañadas de perversos apetitos de la parte inferior, o pensamientos contrarios a la fe, o de desesperación y aun de odio a Dios, le parece que la ha abandonado y que ya no escucha sus ruegos. Y como, por una parte, las sugestiones diabólicas son vehementes y se halla excitada la parte infe-rior, sumergida el alma en densas tinieblas, aun

cuando resista con la voluntad, no acierta a discernir si hace frente a la tentación cuanto debe o bien si consiente en ella, con esto se le aumenta el temor de haber perdido a Dios y de que Dios, con toda justicia, la haya del todo abandonado por sus infidelidades en estas tentaciones. Entonces cree haber llegado a su total ruina, sin esperanza de volver a gozar de la amistad de Dios y con temor de ser odiada por Él. Este sufrimiento lo experimentó santa Teresa y así lo confesó: «Irse a rezar no es sino más congoja o estar en soledad; porque el tormento que en sí se siente, sin saber de qué, es incomportable. A mi parecer es un poco del traslado del infierno».

[23] Cuando acontezca esto al alma amante de Dios, no se desanime, ni se turbe el director que la guía, ya que aquellos movimientos sensuales, aquellas tentaciones contra la fe, aquellas desconfianzas y aun los impulsos de que se siente movida a blasfemar de Dios, son temores, son tan solo tormentos del alma y esfuerzos del enemigo, pero no son actos de la voluntad, por lo que no son imputables. El alma que verdaderamente ama a Jesucristo resiste a estos embates y aborrece tales sugestiones, pero, por las tinieblas que obscurecen su mente, no sabe distinguir, queda turbada, y, viéndose privada de la presencia visible de la gracia, teme y se aflige. Bien se echa de ver que en esas almas así probadas por Dios todo es espanto y pura aprensión y no realidad; preguntadles, si no, aun en lo más terrible de su abandono, si a sabiendas hubieran osado cometer un solo pecado venial deliberado, y os

responderán resueltamente que están prontas a padecer, no una, sino mil muertes, antes que disgustar deliberadamente a Dios con el más leve disgusto.

[24] Hagamos una distinción. Una cosa es hacer un acto bueno, como vencer una tentación, confiar en Dios, amarle y querer lo que Él quiere, y otra cosa es conocer que en verdad hacemos un acto bueno. Esto segundo, de tener conocimiento que hacemos algo de provecho, nos sirve de consuelo; pero el provecho está en lo primero, es decir, en hacer la obra buena. Dios se contenta con lo primero, y de lo segundo priva al alma, quiero decir, del conocimiento de haber hecho aquel acto bueno, para así despojarla de toda satisfacción propia, que ningún valor añade a la acción hecha, puesto que más busca Dios nuestro provecho que nuestra satisfacción. San Juan de la Cruz escribe, consolándola, a cierta alma desolada: «Nunca mejor estuvo que ahora, porque nunca estuvo tan humilde ni tan sujeta, ni teniéndose en tan poco, y a todas las cosas del mundo, ni se conocía por tan mala ni a Dios por tan bueno, ni servía a Dios tan pura y desinteresadamente como ahora, ni se va tras las imperfecciones de su voluntad y entereza como quizá solía». En fin, no vayamos a creer que porque sentimos más consolaciones espirituales somos más amados de Dios, porque no consiste en eso la perfección, sino en mortificar nuestra voluntad y unirla a la divina.

[25] En el estado de desolación no debe el alma dar oídos al demonio, que la sugiere haberla Dios

abandonado, ni tampoco deje la oración, que esto
es lo que pretende el demonio para hacerla después
caer en el precipicio. Escribe santa Teresa: «Tengo
para mí que quiere el Señor dar muchas veces al
principio, y otras a la postre, estos tormentos, y
otras muchas tentaciones que se ofrecen, para probar a sus amadores y saber si podrán beber el cáliz
y ayudarle a llevar la cruz». Puesta en esta pena,
ha de humillarse el alma, persuadiéndose que así
merece ser tratada por las ofensas hechas a Dios;
y así humillada ante la voluntad divina, exclame:
«Aquí me tienes, Señor; si quieres tenerme siempre
humillada y afligida y si lo quieres también en la
eternidad, dame tu gracia, haz que te ame y luego
haz de mí cuanto te plazca».

[26] Inútil será en ese estado, y tal vez de mayor
inquietud, querer buscar la seguridad de que os
halláis en gracia de Dios, porque Él no quiere que
entonces lo conozcáis; y no lo quiere, para vuestro
mayor provecho, para que os humilléis y multipli-
quéis oraciones y actos de total abandono en su
divina misericordia. Queréis ver, y Dios no quiere
que veáis. Por otra parte, san Francisco de Sales
dice: «El propósito de no cometer pecado, por pe-
queño que sea, es indicio de que estamos en gracia
de Dios». Pero, cuando el alma vive en un gran
desconsuelo, ni esto conoce claramente, pero no
debe pretender sentir lo que quiere; le baste querer
con la punta de la voluntad, y así debe arrojarse
completamente en brazos de la divina bondad.
¡Cómo cautivan a Dios estos actos de confianza
y resignación en medio de las tinieblas de la deso-

lación! Confiemos en Dios, que, como dice santa Teresa, nos ama más de lo que podemos amarle ni entender.

[27] Consuélense, pues, estas almas tan agradables a Dios que están resueltas a ser todas de Él y se ven privadas al mismo tiempo de todo consuelo. Su estado de desolación es señal de que Dios las ama y que les tiene preparado un lugar en el paraíso, donde los consuelos son plenos y de eterna duración. Y tengan por muy cierto que cuanto más afligidas se vean en esta vida, tanto más consuelo recibirán en el reino de los bienaventurados: «En el colmo de mis cuitas interiores, tus consuelos recrean mi alma» (Sal 93,19).

Para consuelo de las almas atribuladas quiero traer aquí lo que se refiere en la vida de la madre santa Juana de Chantal, la cual por espacio de cuarenta y un años fue afligida de terribles penas interiores, tentaciones, temores de vivir en desgracia de Dios y hasta de ser por Él abandonada. Tan continuas y terribles eran sus aflicciones, que llegaba a decir que el solo pensamiento de la muerte era el que la podía consolar. Y añadía: «Tan furiosos son los asaltos, que ignoro dónde habrá de descansar mi pobre espíritu; se me hace a las veces que me va a faltar la paciencia y que estoy a pique de perderlo todo y de dejarlo todo». «El tirano de la tentación es tan cruel, que a cada hora del día recibiera yo con placer la muerte, siendo no pocas las veces que pierdo hasta las ganas de comer y de beber y de dormir».

[28] En los postreros ocho o nueve años de su vida arreciaron más fieramente las tentaciones. La madre Scatel decía que su santa madre de Chantal padecía día y noche un continuado martirio interior al rezar, al trabajar y hasta al descansar, por lo que la compadecía muy mucho. La santa se veía combatida contra todas las virtudes, excepción hecha de la castidad; tentaciones de dudas, perplejidades y repugnancias. Dios la privaba a veces de sus luces y se le aparecía como indignado, en ademán de arrojarla de su presencia, hasta el punto de que ella tenía que volver la cabeza, espantada por la aparición, para ver dónde hallaría alivio; pero, no hallándolo, volvía a mirar a Dios y a abandonarse en su misericordia. Le parecía que al ímpetu de la tentación estaba a pique de caer a cada instante; no la privaba Dios de su asistencia, pero ella andaba como abandonada de Él, sin experimentar satisfacción alguna, sino solo tedios y angustias en la oración, en las lecturas espirituales, en la comunión y en el resto de los ejercicios devotos. Su recurso en tal caso de abandono era únicamente mirar a Dios y dejarlo hacer.

[29] Decía la santa: «En este mi desamparo, hasta mi vida sencilla me parece nueva cruz, y la impotencia que siento en el obrar es nuevo acrecentamiento de cruz». Por eso decía que le parecía ser como el enfermo agobiado por los dolores, sin fuerzas para volverse de un lado a otro, o como el mundo, que no puede explicar sus males, o como el ciego, que no ve si le dan un remedio o le propinan un veneno. De ahí que exclamara

entre torrentes de lágrimas: «Me parece que no tengo fe, ni esperanza, ni caridad». Con todo, conservaba siempre el rostro sereno, apacible en la conversación, puesta siempre la mirada en Dios y descansando en el seno de la divina voluntad, por lo que escribía san Francisco de Sales, su director, que conocía perfectamente cuán amada de Dios era alma tan hermosísima: «Era su corazón como un músico sordo, que, sabiendo cantar maravillosamente, no recibiera del canto placer alguno». Y a ella misma le escribía: «Debéis servir a vuestro Salvador solo por amor a su voluntad, privada de todo consuelo y en medio de un diluvio de tristezas y amarguras».

Así obraron los santos.

«Talladas a cincel
y bruñidas a golpe
de martillo artesano,
estas piedras construyen,
unidas las junturas,
su morada en el cielo».

Así canta la liturgia a los justos en la dedicación de la Iglesia. Los santos son estas piedras elegidas que, labradas a golpe de cincel, es decir, de tentaciones, de temores, de oscuridades, y de otros sufrimientos interiores y exteriores, se hacen aptas para ser colocadas en los tronos del Reino bienaventurado del paraíso.

Afectos y plegarias

Jesús, esperanza mía y único amor de mi alma, no merezco tus consuelos ni tus ternuras; resérvalas para las almas puras e inocentes que siempre te amaron. Yo, pecador, no te las pido porque no las merezco; solo te pido me permitas te ame, que cumpla toda mi vida tu voluntad y después dispón de mí como te plazca.

¡Desventurado de mí, que merecí otras tinieblas, otros temores, otros abandonos, por las injurias que te hice! Merecía el infierno, donde, separado siempre de ti y de ti abandonado, debía llorar con llanto eterno sin poder jamás amarte. Pero no, Jesús mío; abrazo cualquier pena menos esta; tú mereces infinito amor y demasiado me has obligado a amarte. Ahora no sabría vivir sin amarte.

Te amo, sumo bien mío; te amo con todo mi corazón, te amo más que a mí mismo, te amo y no quiero más que amarte. Veo que esta mi voluntad es dádiva de tu gracia; pero acaba, Señor mío, la obra; asísteme siempre hasta la muerte; no me dejes de tu mano; dame fuerza para vencer las tentaciones y vencerme a mí mismo, para lo que te pido la gracia de encomendarme siempre a ti.

Quiero ser todo tuyo; te consagro mi cuerpo, mi alma, mi voluntad, mi libertad; no quiero vivir para mí, sino solo para ti, Creador mío, Redentor mío, mi amor y mi todo. Quiero santificarme y de ti lo espero. Aflígeme como quieras, prívame de todo, con tal de que no me prives de tu gracia ni de tu amor.

¡Oh María, esperanza de los pecadores!, mucho confío en tu intercesión, pues eres tan poderosa con Dios. Te ruego, por el amor que tienes a Jesucristo, que me ayudes a hacerme santo.

Adiós criaturas, os dejo contento;
ya no soy vuestro, ni siquiera mío.
Mi amado Jesús, voy a ser todo tuyo.
Amado Bien mío, ¡acéptame tú!

Amado Jesús, que de mí se apodere,
de forma absoluta, tu santo amor.
Reina y gobierna en mi corazón,
que en tiempos pasados, tan rebelde fue.
Amado Señor, ¡poséeme tú!

Amor divino, que tornas felices,
con llamas de cielo, a quienes abrasas,
transforma mi corazón en llama de fuego.
Amor divino, ¡consúmeme tú!

Resumen

De las virtudes explicadas en esta obra que debe practicar quien ama a Jesucristo

[1] Es menester sufrir con paciencia todas las tribulaciones de esta vida, las enfermedades, los dolores, la pobreza, la pérdida de los bienes temporales, la muerte de los parientes, las afrentas, las persecuciones y todas las adversidades. Y tengamos presente que los trabajos de esta vida son pruebas de que Dios nos ama y de que quiere salvarnos en la otra. Además, tengamos también en cuenta que más agradan a Dios las mortificaciones que nos envía que las voluntarias que nosotros nos tomamos.

[2] En la enfermedad, procuremos resignarnos totalmente a la voluntad de Dios, lo cual le es más agradable que cualquiera otra devoción. Si entonces no podemos aplicar la mente a la meditación, contemplemos el Crucifijo, ofrezcámosle nuestros padecimientos y unámoslos a los que sufrió Jesús por nosotros en la cruz. Y, cuando nos den la noticia de nuestra próxima muerte, aceptémosla en paz y con espíritu de sacrificio, esto es, con voluntad de morir para dar gusto a Jesucristo: esta voluntad fue la que comunicó todo el mérito a la muerte de los

mártires. Digamos entonces: «Señor, aquí me tienes; quiero todo lo que tú quieras». No se nos ocurra pedir entonces la vida, para hacer penitencia por nuestros pecados; aceptar la muerte con entera resignación, vale más que cualquier penitencia.

[3] Además, es preciso conformarse con el querer divino, en padecer la pobreza y todas las incomodidades que consigo acarrean, como el frío, el hambre, las fatigas, los desprecios, las burlas.

[4] También nos hemos de resignar en la pérdida de los bienes temporales y en la pérdida de los parientes y amigos. Acostumbrémonos a repetir, en todas las enfermedades: «Así lo ha querido Dios, así lo quiero». Y en la muerte de los parientes, en lugar de perder el tiempo en llorar, sin provecho, empleémoslo en rogar por sus almas y ofrezcamos a Jesucristo la pena que sentimos por haberlos perdido.

[5] Procuremos, además, esforzarnos en sufrir con paciencia y con paz los menosprecios y los escarnios. A quien nos hable con injurias, respondámosle con palabras dulces; pero, cuando nos sintamos enojados, será mejor sufrir y callar hasta que la tranquilidad se restablezca, y procuremos, entre tanto, no quejarnos a los demás de la afrenta recibida, y ofrezcámoslo todo a Jesucristo, que tantas afrentas padeció por nosotros.

[6] Seamos afables con todos, superiores e inferiores, nobles y plebeyos, parientes y extraños, y

especialmente con los pobres y con los enfermos, pero de un modo todavía más particular, con nuestros enemigos.

[7] En el reprender los defectos de los demás es mejor la dulzura que cualquier otro medio y razón. Por lo cual guardémonos de reprender a nadie mientras estamos airados, porque entonces la reprensión nos saldrá amarga, en palabras y modales. Guardémonos, asimismo, de reprender al delincuente cuando esté irritado, porque entonces la corrección le exasperará y no se arrepentirá.

[8] No envidiemos a los grandes del mundo las riquezas, los honores, las dignidades y los aplausos que reciben de los hombres; envidiemos santamente a los que aman a Jesucristo, los cuales, seguramente, viven más contentos que los reyes más gloriosos de la tierra, y demos gracias al Señor por la luz con que nos da a conocer la vanidad de toda esta felicidad humana, por la cual tantos se condenan.

[9] En todas nuestras acciones y pensamientos no busquemos la propia satisfacción, sino el gusto de Dios y así, no nos enojemos, cuando no consigamos el objeto de algunos de nuestros designios, y cuando lo alcancemos, no busquemos los aplausos y la gratitud de los hombres; pero, si por el contrario somos censurados, no hagamos caso de ello y consolémonos por haber obrado para agradar a Dios y no a los hombres.

[10] Los principales medios para llegar a la perfección son: primero, huir de todo pecado deliberado, por leve que sea. Pero, si por desgracia cometemos alguna falta, guardémonos de enojarnos con impaciencia. Conviene entonces arrepentirse con paz, hacer un acto de amor a Jesucristo, prometerle no cometerla más y pedirle su auxilio.

[11] En segundo lugar, desear llegar a la perfección de los santos y padecer cualquier cosa para dar gusto a Jesucristo, y, si no tenemos este deseo, rogar a Jesucristo que por su bondad nos lo conceda, pues, de otra manera, si no deseamos con verdadero deseo santificarnos, nunca daremos un paso adelante en el camino de la perfección.

[12] En tercer lugar, tener una verdadera resolución de llegar a ser perfecto. El que no tiene esta resolución firme, obra con flojedad y, en las ocasiones, no vence las repugnancias; en cambio, un alma resuelta, con la ayuda de Dios que no falta nunca, lo vence todo.

[13] En cuarto lugar, hacer dos horas, o a lo menos una, de oración mental todos los días, y no dejarla nunca, sin absoluta necesidad, por más tedio, sequedad o agitación en que nos encontremos.

[14] En quinto lugar, frecuentar la comunión muchas veces a la semana, según el consejo del director, pues, contra el consentimiento del mismo, no se ha de practicar la comunión frecuente. Y lo que hemos dicho vale también para las mortificaciones

exteriores, como ayunos, cilicios, disciplinas y otras semejantes. Tales mortificaciones, hechas sin la obediencia al padre espiritual, o hacen que se pierda la salud o son causa de vanagloria. Por lo tanto, es menester tener un director particular, para que lo regule todo por la obediencia.

[15] En sexto lugar, hacer continua oración y encomendar a Jesucristo todas las necesidades que nos sobrevengan, acudiendo también a la intercesión del Ángel de la Guarda, de los santos abogados y singularmente de la divina Madre, por cuyas manos nos concede Dios todas las gracias. Ya demostramos, hacia el final del capítulo VIII, que de la oración depende todo nuestro bien. Hemos de pedir todos los días a Dios la perseverancia en su gracia; quien la pide la obtiene y quien no la pide no la obtiene, y se condena. También hemos de pedir a Jesucristo su santo amor y la conformidad completa con su voluntad. Es necesario pedir siempre las gracias por los méritos de Jesucristo. Estos ruegos se han de hacer, cuando nos levantamos por la mañana, después de la oración mental, en la comunión, en las visitas al Santísimo Sacramento, y, por la noche, en el examen de conciencia. Principalmente en tiempo de tentación, es menester que pidamos a Dios el auxilio para resistir, y, singularmente, si son tentaciones contra la castidad, hemos de invocar muchas veces los santísimos nombres de Jesús y María. El que ruega vence y el que no ruega está perdido.

[16] En cuanto a la humildad, no vanagloriarse de las riquezas, de los honores, de la nobleza, del ta-

lento o de cualquiera otra ventaja natural, y mucho menos espiritual, pensando que todas son de Dios. Tenernos por los peores de todos y, por esto, estar contentos al vernos despreciados de los demás, y no hacer como hacen algunos, que andan diciendo que son los peores de todos y después quieren que se les trate mejor que a los demás. De esta manera, aceptar humildemente las represiones sin excusarnos, ni siquiera cuando se nos inculpa injustamente, a no ser que la defensa sea necesaria para evitar el escándalo del prójimo.

[17] Guardarnos mucho más de querer aparentar en el mundo y de andar a caza de las honras humanas. Para esto tener delante de los ojos la gran máxima de san Francisco, el cual decía que «somos tanto cuanto somos delante de Dios». Peor sería todavía para un religioso el pretender cargos honoríficos o de gobierno en la religión. El honor de un religioso estriba en que sea el más humilde de todos, y el más humilde es el que abraza con alegría las humillaciones.

[18] Desprender el corazón de todas las criaturas. El que está apegado a alguna cosa terrenal, por pequeña que sea, jamás podrá volar y unirse del todo a Dios.

[19] Desprenderse especialmente del afecto a los parientes. Decía san Felipe Neri: todo el afecto que ponemos a las criaturas, lo quitamos a Dios. Y, tratándose de la elección de estado, nos hemos de guardar principalmente de los padres, que suelen

buscar, en esto, más el propio interés que nuestro provecho. Desprenderse de los respetos humanos o de la vana estimación de los hombres y, sobre todo, de la propia voluntad. Conviene dejarlo todo, para ganarlo todo, escribe Tomás de Kempis.

[20] No enojarnos nunca por cualquier accidente, y si alguna vez la ira nos coge desprevenidos, encomendémonos en seguida a Dios y abstengámonos de hablar y de obrar, mientras no estemos seguros de que la ira no está ya calmada. Para esto, conviene que en la oración nos prevengamos para todo cuanto pueda ocurrir, para que cuando acontezca, no nos enojemos con pecado, y recordemos lo que de sí mismo confesaba san Francisco de Sales: «Nunca me he irritado, sin que después haya tenido que arrepentirme».

[21] Toda la santidad consiste en amar a Dios y todo el amor a Dios consiste en hacer su voluntad. Luego, es necesario resignarse, sin reservas, a todo lo que Dios disponga de nosotros, para lo cual conviene abrazar con paz todos los acontecimientos, prósperos o contrarios que Dios quiera, la santidad que Dios quiera, y dirigir a esto todas nuestras plegarias, para que Dios nos haga cumplir su adorable voluntad. Y para acertar a cumplir la divina voluntad, no hay como depender de la obediencia del Superior, para el que es religioso, y del confesor, para el que es seglar, teniendo por cierto lo que decía san Felipe Neri: «De lo que se hace por obediencia no hay que dar cuenta a Dios». Se entiende, mientras no se trate de un pecado evidente.

[22] Contra las tentaciones, dos son los remedios: la resignación y la oración. La resignación, porque, si bien la tentación de pecar no viene de Dios, no obstante, Dios la permite para nuestro bien. Guardémonos de enojarnos, por molestas que sean las tentaciones; resignémonos al querer de Dios, que las permite, y armémonos para vencerlas con la oración, que, entre todas las armas, es la más fuerte y la más segura para vencer a los enemigos. Los malos pensamientos no son pecados, por feos y horribles que sean; los pecados son los malos consentimientos. Invocando los santísimos nombres de Jesús y de María, nunca seremos vencidos. Cuando la tentación acomete, ayuda mucho renovar el propósito de morir antes que ofender a Dios; ayuda también el persignarse muchas veces, haciendo la señal de la cruz con agua bendita, y, sobre todo, el manifestar las tentaciones al confesor. Pero el remedio más necesario es la oración, pidiendo en ella a Jesucristo y a María fuerza para resistir.

[23] En las desolaciones de espíritu, dos son los actos en que hemos de ejercitarnos: 1. Humillarnos, confesando que merecemos ser tratados así; 2. Resignarnos en la voluntad de Dios, abandonándonos en brazos de la divina bondad. Cuando Dios nos consuela, preparémonos para las tribulaciones, que, de ordinario, siguen a las consolaciones. Cuando permita que vivamos desolados, humillémonos y resignémonos en la divina voluntad, y, de esta manera, sacaremos mayor provecho de la desolación que de la consolación.

[24] Para vivir siempre bien, es menester que grabemos en nuestro entendimiento ciertas máximas generales de vida eterna:

Todas las cosas de esta vida se acaban: el gozar y el padecer; la eternidad no se acaba nunca.

¿De qué sirven, en la hora de la muerte, todas las grandezas de este mundo?

Lo que viene de Dios, próspero o adverso, todo es bueno y para nuestro bien.

Es menester dejarlo todo, para ganarlo todo.

Sin Dios, nunca se puede tener verdadera paz.

Solo el amor de Dios y la salvación son necesarios al alma.

Solo se ha de temer el pecado.

Perdido Dios, todo está perdido.

El que nada desea en este mundo, es señor del mundo.

El que hace oración, se salva; el que no la hace, se pierde.

Por mucho que Dios cueste, nunca es caro.

Toda pena es ligera, para quien ha merecido el infierno.

Todo lo sufre el que mira a Jesús en la cruz.

Todo lo que no se hace por Dios se convierte en pena.

El que solo quiere a Dios, es suficientemente rico.

Bienaventurado el que puede decir de corazón: «Jesús mío, solo te quiero a ti, y nada más deseo».

El que ama a Dios, en todo encuentra placer; el que no le ama, en nada encuentra el bienestar verdadero.

ÍNDICE

PRÁCTICA DE AMAR A JESUCRISTO